....

福建省社会科学普及出版资助项目说明

福建省社会科学普及出版资助项目由福建省社会科学界联合会策划组织和资助出版，是面向社会公开征集的大型社会科学普及读物，旨在充分调动社会各界参与社会科学普及的积极性、创造性，推动社会科学普及社会化、大众化，为社会提供更多更好的社会科学普及优秀作品。

东南佛国

——福州寺院文化概览

林啸 著

厦门大学出版社　国家一级出版社
XIAMEN UNIVERSITY PRESS　全国百佳图书出版单位

图书在版编目（CIP）数据

东南佛国：福州寺院文化概览 / 林啸著. -- 厦门：厦门大学出版社，2024.2
　ISBN 978-7-5615-9318-9

Ⅰ．①东… Ⅱ．①林… Ⅲ．①佛教-寺院-宗教文化-福州 Ⅳ．①B947.257.1

中国国家版本馆CIP数据核字(2024)第020476号

策划编辑　王鹭鹏
责任编辑　林　灿
美术编辑　张雨秋
技术编辑　朱　楷

出版发行　厦门大学出版社
社　　址　厦门市软件园二期望海路 39 号
邮政编码　361008
总　　机　0592-2181111　0592-2181406(传真)
营销中心　0592-2184458　0592-2181365
网　　址　http://www.xmupress.com
邮　　箱　xmup@xmupress.com
印　　刷　厦门集大印刷有限公司

开本　720 mm×1 020 mm　1/16
印张　10.25
插页　2
字数　143 千字
版次　2024 年 2 月第 1 版
印次　2024 年 2 月第 1 次印刷
定价　40.00 元

厦门大学出版社
微信二维码

厦门大学出版社
微博二维码

目　录

一、福州佛教小史

习近平同志在《〈福州古厝〉序》中提到，"福州派江吻海，山水相依，城中有山，山中有城，是一座天然环境优越、十分美丽的国家历史文化名城"，"当我们来到开元寺，它正自豪得意地向我们表述，大铁佛是我们的先人掌握高超的冶铸技术的证明——古建筑有着丰富的人文内涵"。福州有丰富的历史文化资源，二〇二一年三月习近平总书记来闽考察期间强调："要推动中华优秀传统文化创造性转化、创新性发展，以时代精神激活中华优秀传统文化的生命力。要把坚持马克思主义同弘扬中华优秀传统文化有机结合起来，坚定不移走中国特色社会主义道路。"佛教文化是中华优秀传统文化的重要组成部分，揭示福州佛教文化的产生、发展及其对社会、民俗、对外交流等多方面的影响，不仅是贯彻落实习近平总书记关于文化传承发展座谈会重要讲话精神的具体有效的措施，更是理解福建文化特质的重要途径。

（一）"榕城"掠影

福州的历史，若从昙石山文化算起，至今已有四五千年之长。昙石山遗址覆盖面极广，它不仅是福建古代海洋文明的摇篮，而且是先秦闽族的发源地，见证了远古时期闽台两地先民往来史。它所蕴含的丰厚历史文化，对中华古代文明的发展有重要的意义。它的发现揭开了福建文明的序幕，也将福建文明的历史跨度从三千年更往之前推进了一步。福州真正的创立及社会生活的展开，要追溯到两千多年前的闽越王无诸与其开创的闽越国。真正意义上的福州城从那时开始两千余年的沧桑更迭。"福州"之称肇始于唐开元十三年（725），到了五代十国，福州成为闽国的都城。宋代的福州，一片经济文化繁荣的景象，成为宋朝的十大城市之一。张伯玉见福州夏季暑气重、天气炎热，便令人在福州的大街小巷遍植榕树，遂有"榕荫满城，暑不张盖"的景象，福州因之得了"榕城"的美誉。

古城城墙

福州一直是福建省的行政文化中心，也是海上贸易运输交通的中心。卧野环山，派江吻海，为八闽之首府。福州是海上丝绸之路的重要起点，许多外国使者、商人、僧人、传教士曾到此处交流、贸易、传教。元至元十二年（1275），马可·波罗曾到福州，其在游记中说福州是"富饶的国际贸易中心"，福州环境优美，"秀美花园与各色水果随处可见"。随着道光二十四年（1844）福州开埠及之后福建船政学堂等机构创立，福州成为近代中国史上非常重要的地区。改革开放后，福州也成为华人海外移民最大的输出地之一。福州本地的风俗、信仰等随着移民传播到海外。

自古以来，无论是传统继承、思想突破还是文化交流，福州都呈现深厚的历史积淀。号称"福州三宝"的脱胎漆器、角梳和油纸伞，仍然世代相传，福州特有的闽剧仍然活跃在舞台上。历史上福州孕育出许多人才，有状元、榜眼、探花和上千位进士。近现代历史上许多产生过重要影响的文人志士，大都与福州紧密联系，如林则徐、沈葆桢、严复、冰心、林徽因等，他们的故乡都是福州。他们之中的许多人来自被誉为"明清建筑博物馆"和"中国城市里坊制度的活化石"的三坊七巷，半部近现代史藏在其中。习近平同志专门为《福州古厝》作序指出："福州的古建筑是构成历史文化名城的要素之一。"二〇二一年三月习近平总书记来福州考察时，还专程视察了位于郎官巷的严复故居。

郎官巷

（二）佛教在福州的弘传

　　学界认为《魏书·释老志》中所记"伊存口授《浮屠经》"为较可靠的史料，对汉明帝夜梦金人作为佛教初传的说法均持否定态度。二〇二一年五月，陕西考古团队挖掘出土东汉时期的佛教造像，用实物证明了这一说法的可靠性。佛教在中国的发展经历了一个抛物线，从最初与本土儒、道文化冲突、碰撞到后来的相互融合、借鉴、创新，过程中有过高潮也有过低谷，这与统治者的意志有关，也与当时社会发展的现实情况有关。同样的，佛教在福州的弘传也经历了起伏。从三国吴晋之际初传，到南朝时期的初具规模和发展，唐五代时逐渐兴盛，两宋时达到全盛，宋以后走向衰微，明中叶以后略显复苏之象，乃至到近代以来涌现一批佛门尊宿改革复兴。福州寺院文化底蕴之深、影响之广，非本书所能尽道。仅就所知浅薄，略示一隅。

1. 两晋初传

　　一般认为佛教在福州的初传大约在永安三年（260），根据有二。其一，福州当时归吴国管辖。吴赤乌十年（247），西域著名僧人康僧会南游到建业（今南京）弘法，孙权为其建寺。其二，永安三年吴国设置建安郡，侯官县（今福州）隶属建安，当时福州并没有寺院，福州有寺院始于西晋太康元年（280）。《八闽通志》载："缁黄有庐，昉于后汉，而东南郡县犹未有也。自吴孙权始建'建初寺'于江东……而后寺观始蔓延诸郡以及于闽。"侯官（今福州）地区前后有药山寺、灵塔寺，原丰（今福州）有绍因寺。自此之后，闽地各郡陆续兴建一批佛教寺院。

2. 南朝宋、齐、梁、陈时期

这一时期，佛教寺院增多，开始建造佛塔。《三山志》载："闽之浮屠，始于萧梁，高者三百尺，至有倍之者，铦峻相望。"如罗山法海寺就于这一时期建成。福州佛教的发展遵循了佛教中国化的基本道路，这一时期的福州佛教活动以译经、讲经、建寺、度僧（女众道场于是出现，东侯官有"法林尼院"）为主。陈永定二年（558），与鸠摩罗什、玄奘等齐名的四大译师之一——真谛法师来到晋安郡（今福州），从事讲经和教学活动，摄论学派的佛教义理在福州得到进一步发展。由于缺乏必要的翻译团队和条件，真谛不久后便前往梁安郡（南安郡）。从南朝宋至隋，福州有寺院五十一所。

真谛画像

3. 隋唐五代时期

隋唐是佛教发展的黄金时期，福州佛教也不例外。隋唐时期流行的主要宗派在福州都可见，尤其是禅宗。唐代的福州就出现不少禅宗高僧，如创立百丈清规的百丈怀海禅师，开创临济宗的希运禅师、大安禅师。日本真言宗祖师空海于唐贞元二十年（804）远渡重洋到达福州。日僧圆珍也在大中七年（853）到达福州。到了五代，闽王王审知兄弟二人统治福建四十五年，大力扶持佛教发展。《三山志》载，这兄弟俩不仅大量建造塔寺，还多次开戒坛度僧，为福州开元寺铸了一尊丈六高的金铜佛像。在其治理期间，福州僧尼数量达数万之多，当时的高僧有义存、神晏等人。佛教受到优厚礼遇，整体发展环境得到极大改善，寺院之盛，教化之广，极冠于天下，此时形成的雪峰禅系，影响力更是辐射全国，在中国禅宗史上有重要地位。五代时期的福州享有"佛国"之誉，仅寺院据统计就有二百七十四所。唐文宗时，就有印度高僧般若怛罗来福州弘扬佛法。印度僧人的来访，足以说明当时福建与印度已经有了文化往来。

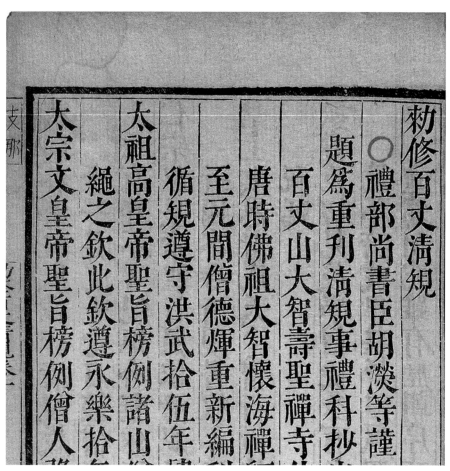

百丈怀海的清规

隋唐五代时福州佛教百花齐放，为两宋的鼎盛做好了准备和酝酿。《八闽通志》称"名山胜地多为所占，绀宇琳宫罗布郡邑"，正应了"天下名山僧占多"这句话。

4. 宋元时期

宋代，福州佛教达到全盛时期，寺院如雨后春笋般涌现。《三山志》载，仁宗时期仅福州地区佛寺数量就多达一千六百二十五座。"福州多僧天下闻，缁衣在处如云屯"描述的就是当时的盛况，佛诞日的斋僧人数多达万人。宋初推行的度僧政策，使得出家人数迅速增加。宋代文化繁荣，使得大量文人志士接触佛教，撰写诗文，"湖田种稻重收谷，道路逢人半是僧。城里三山千簇寺，夜间七塔万枝灯"。此外，这一时期大量刊刻佛经，福州开元寺刊刻的《毗卢藏》，在中国雕版印刷史上有重要地位。《宋史·地理志》载"福建其俗，尚浮屠之教"，《八闽通志》中提到"佛寺至于宋极矣"，从这些记载可以一窥当时的佛教盛况。元代的统治者虽本身信奉藏传佛教，但不排斥汉传佛教。除佛寺略有增加，总体上没有太大的变化。元代重佛事营作，不再像五代以前那样崇尚义理。统治者对佛事的倡导和推动，使福州各大寺院的法事不辍，香火兴旺。

5. 明清时期

到明代，福州佛教的发展归于平淡。当时全国的佛寺进行调整，寺院数量、僧尼数量都受控制。明嘉靖之后，宗教管控严格，福州的佛教一度萎靡不振。由于倭寇不断骚扰和战乱不断，寺院的经济收入成为缓解官府钱财用度紧张的来源之一，佛教的总体发展受到限制。唯有以农禅制度延续的禅宗一脉，此时尚能自给自足。其中以曹洞宗为代表的鼓山系法脉得到进一步的传承和发展。到清代，佛教有复兴之势，禅门宗风一时间蔚为大观，对周边省份乃至全国都产生影响。福州的禅宗五大丛林中，福州涌泉寺、西禅寺、雪峰寺，在清代均修缮过。当权者对于禅门内部事务的过度干预，使得禅门的发展也一度受到限制。福州佛教开始向东南亚国家传播，如隐元禅师东渡日本，妙莲禅师到马来西亚弘法等等。除了教内僧众外，福州著名官员如林则徐及一些文人对佛教都多有好感，这对于福州佛教的发展产生了重要的推动作用。清末，废科举办学校之风盛行，福州很多寺院被侵占为校舍，福州佛教逐渐呈现衰微之态。

6. 民国时期

清末，全国范围内出现庙产兴学运动，佛教徒开始了自发的自救运动。敬安法师联合全国各省僧侣共同发起创立中华佛教总会，在福建亦设立分会，会址在白塔寺（今于山西麓）。民国时，福州一批名僧尊宿、有识之士对佛教进行改革，重视僧伽教育，发展社会慈善事业，创办佛教医院、图书馆、养老院等。虚云禅师重掌福州鼓山涌泉寺寺务，一时盛况空前。中国佛教协会的首任会长圆瑛法师曾任福州鼓山涌泉寺、雪峰崇圣寺、瑞峰林阳寺住持。这一时期的福州信众热心组建佛教社团，创立刊物，参与慈善事业，致力于建设立足于人生和社会发展的人间佛教。

7. 中华人民共和国成立以来

杜牧的《江南春》写到建康（今南京）佛寺众多："南朝四百八十寺，多少楼台烟雨中。"与之相比，福州佛教在鼎盛时期的寺院数量有过之而无不及。寺院也经历沧海桑田的变化，到中华人民共和国成立初期，据《福建著名佛寺概述》载，福州尚有大小寺院庵堂等佛教场所一百一十三所。新中国成立以后，佛教摆脱旧制度的束缚，传统寺观封建经济制度也得以打破，废除了以往不符合社会主义发展潮流的现象和行为，福州佛教拥护中国共产党的领导，走上与社会主义社会相适应的发展道路。"文化大革命"期间，福州佛教曾遭遇重创。一九七八年中共十一届三中全会以后，中共中央恢复宗教信仰自由政策，福州市也按照中央文件精神，平反相关的冤假错案，给予经济补偿，归还寺产，修复残破的寺院。福州佛教内部一方面从人才培养、教风建设着手；一方面朝着与社会主义社会相适应的健康道路向前发展，秉承爱国爱教的优良传统，教僧众积极参与慈善事业、对外及港澳台交流等活动。

罗星塔

改革开放以来，福州佛教焕发出新的生机，对外交流频繁，法门龙象辈出，积极参与社会公益事业及参政议政，展现新的时代气象和文化自信。

二、鼓山涌泉寺

鼓山位于福州城东南，顶有巨石如鼓，因名鼓山。涌泉寺在半山腰，前临香炉峰，背枕白云峰，灵气葱郁，风景秀美，世称"闽刹之冠"。寺院建在整座山的颔处，风水家称为"燕穴窝"，使其藏而不露，进而形成"进山不见寺，进寺不见山"的奇特格局。游客无论是步行还是乘坐缆车，都看不到寺院，即使进了山门，也不知道寺院的规模。寺院东侧有灵源洞、喝水岩等二十五处景点，南侧有回龙阁、罗汉台等五十二处景点，西侧有狮子峰等数十处景点，北侧有海音洞、石鼓岩等四十多处景点。鼓山不愧是国家级风景名胜景区。寺院于1407年改称涌泉寺。明代曾两次毁于火灾，修复、扩建后形成今天的规模。寺院有康熙三十八年（1699）皇帝颁赐的御书"湧泉寺"泥金匾额，如今仍高悬于天王殿寺门之上。

寺院一角

（一）华严缘起与地出涌泉

涌泉寺肇始于高僧制服毒龙的传说。据传此地原有一处寒潭，潭水内有一毒龙，时常为祸周边百姓，唐建中四年（783），时任福州太守的裴胄迎请高僧灵峤①前来降服毒龙，灵峤禅师于潭畔读诵号称经中之王的《华严经》②，毒龙遂离去不返。众人皆感念灵峤禅师的功德，就依寒潭所在的位置建立寺院以资纪念，迎请灵峤禅师住锡道场，之后皇帝敕赐"华严"之匾额，故称华严寺。此处的"毒龙"可理解为佛教说的烦恼妄想，禅师降服毒龙就如自己降服自己的烦恼一样，毒龙代表每个人的贪嗔痴，只有破除贪嗔痴三毒，自我真如法性才能显现。此外，以"华严"命名寺院，足以说明华严宗自唐代以来的影响力。虽到唐末五代之后，禅、净两宗大行天下，但华严宗的影响力仍存在，乃至到宋代华严学复兴正是最好的例证。

后来遭遇会昌法难，华严寺僧众四处逃散，寺院逐渐荒废毁败，直到五代后梁开平二年（908），闽王王审知治理福建，大力支持佛教发展，兴建佛寺。王审知在原华严寺的遗址上填埋深潭扩建寺院，并从雪峰寺迎请来义存禅师的高足神晏禅师任住持，赐名"国师馆"，封神晏为国师。后梁乾化五年（915），改名为白云峰涌泉禅院，四方僧众云集，宋真宗赐额"涌泉禅院"。又因寺院天王殿前有罗汉泉，其泉水如波涛般从地下涌出，明永乐五年（1407），改称为"涌泉寺"。嘉靖

---

① 生卒年籍贯不详，嗣法于马祖道一。

② 《华严经》是中国佛教宗派华严宗尊奉的佛典，该经提出"法界缘起"一说，认为万法皆是由一真法界（真如）而产生。

二十一年（1542）毁于火灾，僧众无奈只能迁居涌泉寺位于山下的下院。天启七年（1627）重建，清初又扩建，康熙曾亲笔题赐"湧泉寺"匾额，至今仍悬挂在寺内。中国人常说"滴水之恩，当以涌泉相报"，佛教中也提到要报四恩，这样命名既能知晓"涌泉"之名由来，又不忘"感恩报德"的中华传统美德。

（二）"涌泉三铁"与"涌泉三宝"

涌泉寺有所谓"三铁"（铁树、铁锅、铁丝木）和"三宝"（陶塔、雕版、血经），每一种都可以说是镇寺之宝。先说"三铁"，三铁指方丈接待室前的三棵千年铁树、斋堂的铁锅和在大雄宝殿内三圣像前的供桌——其材质是铁丝木。方丈室前的铁树，两雌一雄，一共三株，开花时，花瓣呈黄色，大如绒球。据传铁树分别为闽王王审知和神晏禅师亲手种植，若此说属实，这三株铁树的树龄已有一千余年。相传这三株铁树种植六百年后第一次开花，第六百零五年第二次开，如今竟年年都开花，花开的时候非常壮观。现在斋堂香积厨保留的四口巨大铁锅，均为宋代浇铸而成的，足见当时铸铁技术之精湛。其中最大一口直径一米六七，深八十厘米，一次可煮五百斤大米，一次开锅便能供千人食用，故称"千僧锅"，如今作为文物保护了起来。铁丝木供桌长三米一二，重达五百斤，据称是由即将变成化石的海底沉木雕刻而成，密度高，入水即沉，遇火不着。受历史变迁和战乱等诸多因素的影响，涌泉寺曾多次失火，任凭其他建筑火毁，这张铁丝木供桌始终安然无恙。再说"三宝"，分别是涌泉寺前两侧的一对陶瓷千佛塔、鼓山所藏的雕版经书以及高僧大德用血所书写的佛教经卷。陶瓷塔制于宋元丰五年（1082），通高八米三，座径一米二，木构八角九层楼阁形式。东边的塔名"庄严劫千佛宝塔"，有佛像一千零九十二尊；西边的塔名"贤劫①千佛宝塔"，有佛像一千一百二十二尊。悬挂陶制塔铃七十二枚，都是宋代时期用陶土烧制。陶塔共两座，分别列于天王殿的左右两侧。涌泉寺曾经是经书重要出版机构，现存许多经书的雕版，有悠久刻经史。民国时期的涌泉寺，总计刻经就多达三百五十九种，其中明代刻本八十四种，清代刻本一百九十五种，多为楷书方册，精美绝伦。道霈禅师所撰《华严经疏论纂要》也为该寺所独有，过去由福州佛学书局印制，除了在国内流通外，还传播到东亚诸国及南洋地区，如日本、新加坡、马来西亚。日本学者常盘大定的助手龙池清来鼓山涌泉寺和怡山长庆寺研究佛经，于民国二十五年（1936，昭和十一年）发表《鼓山怡山藏逸佛书录》称："佛教典籍，现在世界上保存最多者推日本，而其中大部分来自中国。"涌泉寺刻经、藏经体量较大，其中更有宋、元、明藏经未收之书，常盘大定考察之后，将日本未有之佛书拍照回去加以整理，不少重新收入在后来日本所编的《大正藏》和《大正藏续藏》里。弘一法师将鼓山的雕版佛经誉为"庋藏佛典古版之宝窟"。现在钟楼东南侧的藏经殿，建于清顺治十六年（1659），殿内经典琳琅满目，藏有明版《南藏》《北藏》，清版《龙藏》等，计两万零三百四十六块。一九三六年，郁达夫在《闽游滴沥》中提到涌泉寺的一部藏经："这一部经文，前两年日本曾有一位专门研究佛经的学者，来住寺影印……现在正在东京整理。若这影印本整理完后，发表出来，佛学史上，将要因此而起一个惊天动地的波浪。因为这一部经，是天上天下，独一无二的宝藏，就是在梵文国的印度，也早已绝迹了的缘故……"这就是元代的《延祐藏》，该藏是元延祐二年（1315）建阳县

---

① 佛教认为，每一劫中都会有千尊佛出世，庄严劫指过去的那一个时间范畴。贤劫就指现在的时间概念，上一位出现的佛就是两千多年前在现今的印度降生的释迦牟尼，下一位就是弥勒佛。

后山报恩寺刊印之一种《大藏经》，鼓山所藏的有七百六十二卷，其中约有五十卷为补抄本。这部《延祐藏》，虽已有不少全本，但鼓山的版本字体更加有力苍劲，较元代普宁寺版有过之而无不及。还有建阳"麻沙版"，肇始自北宋，当时已名闻天下。鼓山所藏罕见的大量元刊本，历经十四世纪到二十世纪尚能完好保存，可谓是一个奇迹。

千佛陶塔

除了雕版佛经外，藏经阁内还藏有历代佛学著作近三万册。其中用"贝多罗"树叶制成的巴利文南传佛教经典七种和历代高僧刺血书写的佛经总计六百五十七册。

（三）神晏禅师

神晏（863—939），又作"玄晏"，世称"鼓山和尚"，俗姓李，大梁（今河南开封市）人。学习儒家学说，十六岁出家，师从雪峰义存禅师。五代后梁开平二年（908），闽王王审知建鼓山涌泉寺，请他住持，遂为鼓山开山鼻祖。乾化二年（912），朝廷赐紫袈裟，赐号"定慧大师"，王延钧亦追加其封号为"广辨圆觉兴圣国师"。闽王王审知及其后三代子孙皆礼遇他，这也是兴圣国师称号的由来。其方丈室又称"圣箭堂"，因为神晏离开雪峰时，义存曾经对其说"一支圣箭直射九重城去也"，比喻神晏如一支圣箭，直射鼓山，必能够大弘佛法。后晋天福四年（939），神晏圆寂于鼓山，其遗骨立塔安放，在鼓山涌泉寺左侧围墙外边。塔为石构，单层、四角、实心，通高四米五。须弥座三层、四角，底层周长七米九。塔身嵌一块边长六十二厘米的方形碑刻，碑面楷书镌刻"本山兴圣晏国师之塔"。塔的周围用花岗石铺地，四周置石栏杆，长九米七五，宽七米九五。《鼓山志》载：神晏初葬于桐口沙溪，闽王为其建塔；后周显德五年（958），移葬鼓山涌泉寺边。明嘉靖年间毁于火，天启七年（丁卯，1627），寺僧查考旧有寺志，挖地六尺，得到石椁，开启后得到顶骨一个，牙齿两个，以石建塔封之。现存的神晏国师墓塔为明代建筑，保存完好。《景德传灯录》卷十八有其生平记载，具体内容如下文所见：

福州鼓山兴圣国师神晏

大梁人也，姓李氏。幼恶荤膻乐闻钟梵。年十二，时有白气数道，腾于所居屋壁，师即挥毫书其壁曰：

白道从兹速改张，休来显现作妖祥。

定祛邪行归真见，必得超凡入圣乡。

神晏字写完后，这股白气随即消灭。神晏禅师小时候广学多闻，但经常生病还病得很重，传说梦到神人给予药品，醒来后便痊愈。第二年又梦梵僧在梦中告诫：出家的时候到了。于是就依卫州白鹿山道规禅师剃度，到嵩岳受具足戒，告诉同参说："古德云：'白四羯磨后，全体戒定慧。'岂准绳而可拘也？"神晏于是杖锡遍叩禅关，而但记语言存乎知解，及造雪岭，朗然符契。一天，参雪峰禅师。雪峰禅师知其缘熟，忽起揞住说："是什么？"师释然了悟，亦忘其了心，唯举手摇曳而已。雪峰说："子作道理耶？"神晏回答："何道理之有？"雪峰禅师对其悟解的境界予以认可，"抚而印之"。受雪峰认可后，神晏便一直在雪峰身边直到其归寂。王审知后在府城之左二十里，开鼓山创禅寺，迎请神晏前去弘扬禅法。

永觉元贤禅师在《鼓山兴圣国师玄要集跋》中提到神晏的禅法特色："语言不尚奇险，不事文饰，但于寻常口头显石火电光之用，瞬目千里，难为凑泊，凡出一言半句，则千人万人摇撼他不得，拟议他不得，此非肘后悬符，顶门具眼者，其能然乎？当知象骨家传，本自如是，师能深得其旨，故当日有圣箭子之称也。"神晏的禅法语录经人收集整理后收录于《古尊宿语录》，元贤亦收集整理《兴圣国师玄要集》并刊刻流通。

《宋高僧传》载："其五曰神晏，住福州之鼓山。分灯化物，皆膺圣奖，赐紫袈裟，而玄沙级宗一大师焉。"玄沙宗一，号师备，与雪峰义存本是师兄弟，后来师备拜雪峰为师，成为雪峰嗣法弟子。罗汉桂琛禅师一开始拜雪峰为师，与师备成同门，之后又拜师备为师，成为玄沙弟子。据传神晏禅师曾劝桂琛禅师改拜雪峰为师，桂琛不改其志，后因漳州王氏器重神晏，桂琛与神晏意见相左，最终被王氏赶出地藏院，迁至漳州罗汉院。《宋高僧传》载："时神晏大师，王氏所重，以言事胁令舍玄沙、嗣雪峰。确乎不拔，终为晏谗而凌轹。惜哉！"这是神晏与玄沙门下之间的一段轶闻。神晏在福建传法的弟子主要有继神晏法席的智严，又号"了觉大师"，闽侯康山卓氏子，继神晏为鼓山第二世住持。周显德六年（959），退居东山眠云寺，住持凡二十一年。继智严之后的第三代住持也是神晏禅师的弟子智岳，福州人；清鹗，是鼓山第四代住持。除了以上这些之外，神晏弟子中授封称号的也不少，如清护被闽王封为"崇因大师"，白云智作被赐紫衣师名。

（四）百岁虚云与涌泉重辉

虚云，俗姓萧，法名古岩，字德清，六十后别号幻游。清道光二十年（1840），出生于泉州，母亲颜氏产后气壅而亡。父亲萧玉堂在永春州衙任幕僚，后受聘入泉州府幕。虚云禅师年幼时生活在湖南湘乡，从小便跟随老师学习儒家经典，十七岁离开湘乡至闽，十九岁至鼓山涌泉寺出家，拜常开为师。次年，依妙莲禅师受戒。僧腊一百零一年。据虚云自己所写诗句可知，他年寿在佛教僧侣中也属于极长，是近代佛教界"一身而系五宗法脉"的禅门大德。

　　虚云从妙莲禅师受戒后在鼓山山后岩洞隐居修行三年，之后又回到涌泉寺任执事，后又重回岩洞苦修。后又在融镜法师（生卒年不详）的指引下开始了二十多年的参访生涯，除了朝礼中国的各处圣地，还到过印度、不丹、缅甸、斯里兰卡等国家。虚云曾在终南山狮子岩结庵打坐，因一定半月[①]而声名大噪。八国联军侵华时期，虚云还随慈禧和光绪皇帝到过西安。同时，虚云禅师与当时的政界人士，如袁世凯、孙中山、林森，皆有密切接触。虚云禅师一生行化，重兴了许多禅宗道场，如鸡足山祝圣寺、南华禅寺、云门大觉禅寺、云居山真如禅寺，还有福建鼓山的涌泉寺院，大小寺院八十余座。

　　一九二九年，虚云禅师由沪返闽，当时的海军部部长兼福建主席杨树庄、前主席方声涛带领一众当地民众前往迎请他住持鼓山，帮助重兴涌泉寺。鼓山是虚云禅师当年出家剃度和受戒的地方，他又在此参修多年，因此虚云禅师对涌泉寺有深厚的感情。为了报答佛恩，虚云禅师缅怀祖德，遂答应接任方丈一职，开始着手重

虚云与民国主席林森合影

---

　　① 打坐入定半个月的时间。

振宗风，恢复祖庭。虚云禅师住持期间，一方面革除重复繁杂的经忏和寺院长年积弊的陋习，整顿禅堂规矩，将原来禅堂坐三支香的传统增加为十四支香，常亲自领众一起跑香，打坐。冬季增加打禅七，坐禅的方法一切效仿金山寺。禅堂规定的重修确立也吸引各地禅僧到来，禅堂中的僧众也由一二人一下子增至六七十人。在整顿寺务的同时，虚云禅师又在鼓山开坛受戒，连东南亚的僧侣都慕名前来，鼓山涌泉寺一时间声名大噪，虚云禅师的名声也远播海内外。一九三一年，虚云在鼓山创办佛学院。一九三四年，虚云禅师请来慈舟法师主持佛学院，遂开山重新整顿，改名为法界学苑。

（五）法门龙象与近代佛教

灵气郁葱的鼓山孕育出许多高僧，如开山祖师神晏、永觉元贤、道霈、妙莲、古月、虚云、圆瑛等人，皆是其时佛教发展的中流砥柱。鼓山一直以来都是吸引海内外佛子前往参学、受戒的圣地。

神晏是五代时的高僧，出家于卫州白鹿山，后在嵩山受戒。入闽后嗣法于雪峰义存禅师。梁太祖开平年间，闽王王审知又邀请神晏住持鼓山，封其为国师。神晏对大众开示道："直下犹难会，寻言转更赊。若论佛与祖，特地隔天涯。"永觉元贤是曹洞宗无明慧经的门下，福建建阳人，十八岁时偶然读到《坛经》，倾心佛教，四十岁时投身寿昌无明慧经座下落发，后参无异元来禅师受具足戒。崇祯七年（1634），大众延请永觉元贤住持福州鼓山涌泉寺。在鼓山期间，元贤刻经、著述、修志，为涌泉寺的发展做出重大贡献。为霖道霈，是元贤的嗣法弟子，接续福建曹洞宗的法脉。道霈原是福建建安（今建瓯）人，十四岁入白云寺出家，跟随元贤多年，后又参学密云圆悟。两次担任涌泉寺方丈，在鼓山前后的时间长达二十余年，皈依者较多。《鼓山志》卷四评价他说："禅教兼行，净律并开。福缘广大，撰述甚富，人称古佛再世。"道霈撰有多部著作，代表作为多达一百二十卷的《华严疏论纂要》。妙莲禅师在鼓山出家，曾出任鼓山住持，后又前往南洋弘法数年，1905年再度回到涌泉寺。虚云和圆瑛皆依妙莲法师受具足戒，近代高僧中就有两位是他的弟子，足见其教化的功绩。古月禅师在涌泉寺出家，受戒，一生奉行头陀苦行的修行方式。古月禅师不仅医术高超，而且品德高尚，对待信众不分贫富贵贱，一视同仁地为大众治病。此外，他还是鼓山有史以来唯一担任过福州五大丛林方丈的僧人。古月禅师一生朴素清淡，道风严谨，禅定功夫高深，为僧俗两众做出重要的表率。圆瑛法师在鼓山涌泉寺出家，于一九三七年重回鼓山涌泉寺主持寺院工作，整肃僧规，端正道风，带领四众弟子使涌泉寺的声誉蒸蒸日上，扬名海内外。在涌泉寺住持期间，虚云禅师创办"鼓山佛学院"，慈舟法师应虚云法师之邀主律院，主讲《华严经》。

涌泉寺颂经殿（恩斯特·柏石曼摄影）

这些高僧大德都对闽地佛教的发展乃至中国近现代佛教的发展产生过重要的影响，这批僧人可谓是半部近代中国佛教史。

（六）鼓山禅法与法席绵延

鼓山的禅法源流基本上还是慧能门下那主要的两支，青原行思一系和南岳怀让一系。鼓山的开山祖师神晏禅师是雪峰的弟子，雪峰禅师属于青原行思这一系。包括原先与神晏是同门的玄沙师备，后来也拜雪峰为师。两支法派并存的时间不长，大约是从五代至北宋年间，但后来整个鼓山的禅宗传承大部分以南岳怀让一系为主。《增订鼓山列祖联芳集》中说："唐开山灵峤禅师。师生中唐时，姓里不传。考载诸籍，曾证心于马祖。"马祖道一是南岳怀让一系。虚云指出："其后住持，或选贤于他方，或由官府荐举，以至于明性聪禅师，凡可数者九十代，大皆属于南岳。"其中以曹洞宗寿昌系的无异元来禅师（又叫元来法师、博山元来）驻锡鼓山为代表。崇祯七年（1634），元来师弟元贤到来，直至临终，传法道霈。道霈禅法修炼精进，禅定功夫高，理论独树一帜，留存著作颇多。师徒二人前赴后继，使鼓山成为清代最大的曹洞宗道场，也形成鼓山特有的禅修传统，自此鼓山禅天下闻名。

元贤、道霈二位禅师还开启了鼓山禅对日本佛教的影响，促进二者交流，"元贤开创的鼓山禅与曹洞另一法脉（博山无异等）共同开创了当时江西、福建和广东三省曹洞禅的兴盛局面，使曹洞禅与江浙密云圆悟一系的临济禅形成对峙的形势"①。元贤、道霈两代的传承为寿昌系法脉极盛时期。道霈传惟静道安、恒涛大心、圆玉兴五、象光法印、淡

---

① 林子青：《元贤禅师的鼓山禅及其生平》，《现代佛学》1958 年第 8 期。

然法文、常敏法浚、遍照兴隆，这些都是曹洞宗鼓山系的法脉弟子。与江西博山能仁寺无异元来所创之博山系，及以江苏焦山定慧寺为中心之焦山系皆属曹洞宗之支派。至清代末年传至遍照兴隆禅师。其后法脉再递传至清末彻繁禅师，为曹洞宗第四十四世。彻繁传妙莲禅师。光绪十年（1884），妙莲继主鼓山法席，为曹洞宗第四十五世、临济宗龙池系第四十二世。光绪十八年（1892），虚云接妙莲临济宗衣钵，法号"性彻"，为龙池系第四十三世。妙莲弟子常开为虚云取名"演彻"，为临济智祖系第五十四世，虚云又接妙莲弟子耀成的曹洞宗法脉，为第四十七世，法号"古岩"。

近现代以来，国内接虚云龙池系者有净慧、海灯、本焕等十七人，如中国佛教协会已故会长一诚长老为本系再传弟子。接智祖系者有宽宗、宽印、宽素等十七人。接寿昌系法脉者有复彻宽贤、复性净慧、复兴宽净等二十二人。由此可见，鼓山涌泉寺实为当今中国禅林法脉传承祖庭所在，门下个个为法门龙象，传灯相续不断，成为当今中国佛教界的中流砥柱。

一九二九年，虚云应当时的福建省政府主席杨树庄等人之请赴任鼓山住持，一九三五年离任后由圆瑛、盛慧法师继席。一九八七年，厦门南普陀寺方丈妙湛兼任涌泉寺方丈。一九九二年，普法法师受请为涌泉寺监院，一九九六年晋为方丈。

（七）其他文物遗存

涌泉寺位置地处深山僻静之处，又久负盛名，故留存下来的古迹较多。其中以摩崖石刻的数量为最，主要集中在灵源洞与水云亭之间：有宋代刻近百处、元代刻十二处、明代刻三十一处、清代以后的近百处。其中年代最早的题刻在灵源洞东侧，为北宋庆历六年（1046）蔡襄等人所题："邵去华、苏才翁、郭世济、蔡君谟庆历丙戌孟秋八日游灵源洞。"摩崖石刻中留下墨迹的有宋丞相赵汝愚、理学家朱熹、书法家蔡襄、民族英雄李纲、词人张元幹；清船政大臣沈葆桢；民国时期代理海军部常务次长李世甲等人。蹴鳌桥下的"寿"字，高达七米，宽三米，是石刻中最为突出的，相传字由宋明理学大家朱熹所书。另有北宋嘉祐六年（1061）所题"喝水岩"，楷书大字，引人注目。据传开山祖师神晏禅师曾在此处修行，因恼泉水之声喧哗打扰清修，于是大喝一声，令泉水改道，山泉便从两百米开外的石壁中涌出，成为观音阁中的龙头泉，灵源洞口则留下干涸的泉眼，这便是"喝水岩"的由来。遍布涌泉寺周边的摩崖石刻汇集历代名人的各种字体的书法作品，琳琅满目，各式各样的字体在周围景致的衬托下显得相得益彰，成为天然书法展览厅，不仅有重要的史料价值，也是研究书法艺术的宝贵资料。现代书画大师刘海粟在八十六岁高龄时登山挥毫赋诗二首，题写下"胜于天竺"四个大字。除了历代名人和书法家留下的墨宝外，自然还有与佛教有关的警句，如行至万松湾的时候，有摩崖石刻"石头路滑"。

摩崖题刻

"石头路滑"还是禅宗公案。唐代的希迁禅师，广东人氏，原居湖南衡山寺，平日戒行精严。衡山寺的东侧有石，外状如台，希迁禅师于其上静坐参禅，时人称为"石头禅师"或"石头希迁"。当时许多僧人都前往求教。马祖道一禅门下有一弟子叫隐峰，也去参访希迁禅师。马祖道一问："何处去?"隐峰答："到石头去。"马祖道一曰："石头路滑。"隐峰曰："竿木随身，逢场作戏。"最后，隐峰仍然未参得根本，铩羽而归。马祖道一当时所指"石头路滑"并不指行路的困难，而指希迁禅师的禅法高深，前去参学未必能够得其精髓，反而容易遇"石头"而"跌倒"。

除了之前说到的三铁与三宝，涌泉寺寺内还有许多文物古迹，如天王殿里的四大金刚，相貌庄严，是明朝的雕塑，每尊塑像贴金一斤。天王殿后方有口天井，上方镌刻着清乾隆年间福州郡守李拔题写的"石鼓名山"四个字。中央的水池引入山中泉水，池水上有一座石桥，称"石卷桥"，是北宋乾兴元年（1022）砌成的。天井两边立着一对用钢筋制成的圆形铁杆，每当寺院举行重大佛事，用它来挂佛幡和经幢，平时则充当避雷针，这对铁杆于一九二七年由马尾船政局设计捐赠。天井两边为钟鼓楼，建于明崇祯六年（1633），一九三六年重建。钟楼保存有一口清康熙三十五年（1696）铸造的大钟，重两吨，以铜为主，熔入少量金、银、铁、铝铸造而成，钟的表面铸有佛号和《金刚般若波罗密经》全文，共有六千多个汉字，称"金刚般若钟"。大雄宝殿内供奉释迦牟尼佛、药师琉璃光如来、阿弥陀佛，这三尊坐佛于明天启元年（1621）由福州民间雕塑家所塑。三世佛的背后供奉"西方三圣"立像。这立像是清康熙年间采用当时最先进的蜡模铸造工艺铸成的，每尊重约一吨，表面贴上金箔。藏经殿正中有一座舍利宝塔，塔中供奉着三颗舍利子与佛牙。按照《金光明经》所说，舍利子是僧人戒、定熏修的产物，极为珍贵。佛牙即是释迦牟尼的牙舍利，最为出名的是北京八大处灵光寺的佛牙舍利。舍利宝塔的背后还有一尊来自缅甸的汉白玉卧佛，体态安详。卧姿，是据佛经中释迦牟尼临终入灭时的描述所造。

（八）传说故事

涌泉寺在佛教发展史和对外交流史上有重要的地位，民间流行着一些故事传说与之有关。

1. 耿精忠私访涌泉寺

坊间流传"耿精忠私访涌泉寺"的传说。三藩之一的耿精忠听闻涌泉寺住持为霖道霈禅师修行高深，道行十分了得，心中有些不信乃至不屑，于是决定私自探访，以探一探道霈禅师的真实水平。一日五更时分，耿精忠带了几名随从，事前未通知，骑马直奔涌泉寺。至山门口时，天刚微亮，进入大雄宝殿内，见道霈率众僧拈香迎候。耿精忠见道霈，二话不多说，开口就问："夜里何人伴睡？"耿精忠颇有禅门架势，对佛教并非一无所知，用禅宗教学中这种机锋问答模式来进行对话。道霈从容不迫答道："竹汤二氏。"耿精忠闻后勃然大怒并斥责道："出家人岂可一娶再娶！"答："夏以竹夫人作伴，冬以汤婆子同眠，只一无二。"耿精忠又问："二氏何在？"答："在僧房。"耿精忠说："带来见我。"道霈把竹席子和汤壶呈上。耿精忠似有所悟又一时呆住，未久便狂笑不止，当天的到访并未让道霈禅师措手不及，反而使耿精忠见识到道霈禅师的境界高深。自此过后，耿精忠更加钦佩道霈的修行。

2. 坐姿韦陀

雍正十二年（1734），涌泉寺僧粮出现缺口，只够支撑四五日，无

法供应寺内上下众人的需求。当家的
象先和尚寺务不精，一时手忙脚乱。
于是便从大雄宝殿一直拜到观音殿再
到天王殿，最后在韦陀菩萨面前焚香
祷告。当夜梦里，象先梦见韦陀菩萨
告曰："明天一早有人送米来，派人
到江边接米。"象先第二天便率众到
江边，果然见一货船运米而至。此船
本是走私偷运白米之船，遇见哨岗盘
问，米商一时紧张便改口给涌泉寺送
米。哨兵见象先带了大批人马下山接
米觉得非常奇怪，前后一问，象先与

韦陀

米商竟都异口同声说韦陀菩萨托梦。哨兵由于自身也信佛，便未多问。[①]
众人到达寺院后，前往韦陀像前道谢，不承想木质佛像居然满头大汗，
于是象先命人立刻另刻一尊坐姿韦陀像，让其在大殿中休息。这也就是
坐韦陀的由来。鼓山韦陀显灵的故事，一下子就在寺院及周边的城镇流
传开，登山瞻仰和礼拜的人逐渐增多。对于普通信众来说，这种神异传
说显然更有吸引力，信众的布施如潮水一般涌来，无论是寺院日常开销
还是粮食，都可以满足，无须担忧。象先所立的韦驮坐像，在"破四
旧"时被毁坏。一九八八年，特聘民间著名雕塑家陈世善重塑一尊。

3. 五更不打板

涌泉寺有个传统——"钟声远送十里，唯独不打五更"。涌泉寺的

---

① 另有一说是米商在闽江口遇险，蒙韦陀菩萨手提鼓山涌泉寺的灯笼搭
救，为报救命之恩，便决定将米尽数施舍给涌泉寺常住。

原址，据《鼓山志》载："其先为潭，毒龙居之。"太守裴胄认为"神物所蟠，宜寺以镇之"。唐建中四年（783），太守裴胄请灵峤禅师入山诵《华严经》降龙。神晏开山建寺时，有一条恶龙盘踞此地，神晏与其大战几百回合，商量向龙借用此地，五更天一定归还，龙听后便开心睡去。自此之后，涌泉寺打板只打四板，从不打五板。这样，向龙借来的地也不用归还了。据传，明代曾经有人不信邪，打了五板，结果水从大殿底部冒出来，后来僧人拿了一部《华严经》将水止住。涌泉寺大门的石柱上刻着这么一副对联："是西来不二法门，转轮声音，听天外逢逢梵唱，远通灵鹫岭；真东冶无双福地，永生功德，看泉头滚滚禅心，早彻毒龙潭。"

（九）境外法脉传承

改革开放以来，两岸佛教恢复往来，开展了形式多样的文化交流，鼓山也恢复与境外诸寺中断多年的联系。台湾地区诸多佛教寺院与福建渊源密切，尤其是与闽中首刹涌泉寺关系紧密。清同治十一年（1872），福州鼓山涌泉寺僧人理明在台北创建凌云寺；民国元年（1912），福州鼓山涌泉寺僧人觉力在苗栗大湖乡创建法云寺；民国十二年（1923），福州鼓山涌泉寺僧人善智、妙密最早在基隆创立灵泉寺。此外，涌泉寺对台湾地区所谓五大法派的形成有重要的影响，这五大法派分别是台北观音山凌云寺派、台南开元寺派、苗栗大湖法云寺派、高雄大岗山超峰寺派和基隆月眉山灵泉寺派。这五大派别都与福州鼓山涌泉寺有法脉上的密切关系。台北观音山凌云寺创建人本圆禅师（1883—1947），一九〇〇年曾在涌泉寺振光法师座下受具足戒，后在鼓山修学多年，其间参访各地禅宗名宿和四方丛林，一九〇九年返台湾地区，接续宝海法师创建凌云禅寺。凌云寺后来举办传戒法会，请来的羯磨师也是鼓山涌泉寺圣恩法师，教授师则是首次入台的圆瑛法师。相比于凌云寺，台南开元寺历史更加悠久，一直是台湾地区佛教的重要道场，在台湾地区佛教界有重要的地位。开元寺派中比较重要的代表人物荣芳法师也曾在鼓山涌泉寺受具足戒。传芳法师，经由荣芳法师介绍往鼓山涌泉寺剃度出家，后在鼓山石窟内苦修多年。玄精法师，依传芳法师剃度出家，往鼓山涌泉寺受戒。这三位僧人皆担任过开元寺住持。大湖法云寺派开创者为觉力，十九岁于鼓山涌泉寺依万善法师出家，在当时台湾地区颇有名气。其弟子妙果法师，十九岁时在鼓山皈依觉力法师剃度，二十九岁时在鼓山涌泉寺受具足戒，之后四处行脚，随机教化。高雄大岗山超峰寺派重要人物义敏法师，二十一岁在鼓山涌泉寺受具足戒，之后归台弘法。基隆月眉山灵泉寺派创始人善智法师和善慧法师，都是鼓山涌泉寺的受戒弟子。善慧是近现代佛教著名的僧人，与圆瑛法师、虚云法师等人有密切联系。从台湾地区佛教各教派的法脉传承来看，台湾地区僧侣或在涌泉寺出家，或在涌泉寺剃度，或与涌泉寺一系僧人交往紧密。涌泉寺完善规范的丛林制度和严谨庄严的受戒仪轨，吸引着台湾地区僧众慕名前来求法、受戒。另外，在日据时期，他们努力加强台湾地区与大陆寺院的交往，避免台湾地区的宗教界完全日化。

尤其是二十一世纪后，台湾地区佛教宗派复杂，山头林立，就以台湾地区的四大山头为例，与涌泉寺皆有紧密联系。一九四九年佛光山的开山宗长星云大师落脚的圆光寺，其开山宗师就是来自鼓山法系的妙果法师。妙果法师在鼓山涌泉寺依觉力剃度出家，同年受具足戒，依止鼓山良达法师多年。中台禅寺的惟觉法师属于虚云法脉，虚云禅师曾经出任涌泉寺住持。慈济功德会的证严法师是印顺法师的弟子，印顺又是圆瑛法师的法徒，曾依止其受具足戒，在闽南佛学院求学后又往鼓山佛学院。法鼓山的圣严法师是圆瑛的法脉，因为其师白圣长老是圆瑛的弟子。圆瑛法师不仅在涌泉寺出家，也住持过涌泉寺。清代，鼓山涌泉寺是福建省官府唯一指定的受戒道场，台湾府属福建省，按规定台湾僧人必须前往福州鼓山涌泉寺受戒。台湾佛教中小寺庙逾七成法缘来自鼓山涌泉寺，足见闽台佛教渊源之深。二〇〇六年，两岸佛教界共同签署《促进两岸佛教文化交流福州倡议书》，以宗教为纽带，共促两岸和平发展，加深民族认同，增强共同体意识。

除了与台湾地区的密切法缘，鼓山法脉于清末民初还传播至南洋诸国，影响深远。清光绪十五年（1889），妙莲在马来西亚槟城募捐建造寺院，定名极乐寺，经十四年之努力，到光绪三十年（1904），极乐寺主体结构才建设完成。作为鼓山涌泉寺的廨院，槟城极乐寺是汉传佛教在东南亚地区建成的第一座寺院。妙莲法师为中国僧人南洋弘法第一人。作为涌泉寺的廨院，极乐寺获得光绪和慈禧御赐匾额和《龙藏》，光绪题"大雄宝殿"匾额，慈禧题"海天佛地"匾额。康有为曾在极乐寺放生池附近的摩崖上留下"勿忘故国"的题字。这与妙莲法师的悉心建造分不开，他到南洋创建极乐寺时，依据当地的地理条件，仿照鼓山摩崖石刻的样式如法炮制，为南洋佛教留下珍贵的艺术财富，具有重大历史意义。极乐寺也见证了两地人民通过佛教建立起的紧密联系。

光绪三十二年（1906），本忠接替妙莲住持极乐寺，他在此设立中国佛教总会南洋支会。章太炎曾到访极乐寺并题记云："民国五年秋自肇庆南行，抵槟榔屿，过极乐寺，见寺主本忠禅师，盖南洋所仅有也。"极乐寺的开山祖师、第二任和第三任方丈皆来自涌泉寺，第四任方丈则由一九四九年到台湾地区的白圣长老接任。虚云曾在光绪三十一年至三十四年（1905—1908）三次到极乐寺讲经。一九三八年圆瑛接任该寺住持。对近代中国汉传佛教来说，以槟城极乐寺为开端，南洋地区才有了真正意义上的汉传佛教伽蓝。其后本忠、虚云、圆瑛更是以此为基，将大乘佛法传讲至马六甲诸埠，对汉传佛教在东南亚的落地生根起到实质性的推动作用。在此基础上，涌泉寺多次邀请海外法门兄弟共同研讨鼓山法系的演变情况历史渊源，展开多样的文化交流，倡导学术研究，欢迎各地佛子回来朝礼祖庭。

涌泉寺也积极组团前往东南亚诸国进行交流、参与佛事活动，加深彼此感情，增进相互的了解。马来西亚、新加坡、印度尼西亚等东南亚国家，多次参加马来西亚极乐寺和我国台湾相关寺院的佛事活动，加深了感情，增进了了解。

（十）文人墨客与涌泉寺

一九三三年，福建鼓山涌泉寺新建放生园落成，近代高僧净土宗十三祖印光大师特地撰写碑文：

> 天地之大德曰生，故万物并育而不相害。佛视一切众生，犹如一子。故割肉喂鹰，舍身饲虎，种种说法，令得度脱。良以一切众生，皆具佛性，皆是过去父母，未来诸佛。而况好生恶死，物我同然。我既爱生，物岂愿死。无如饕餮之人，日须食肉，致使屠之辈，以杀为事。一日之杀，数逾恒沙。积之久久，遂成杀劫。仁智之士，知罹劫之因，由于杀生食肉，欲发起杀生食肉者之慈心，故特买物放生，以为先导。冀彼忠恕居心，仁慈在念。俾鸟兽鱼鳖，各得其所。庶弥漫杀劫，速可以熄灭矣。

> 鼓山放生园，原设寺内，狭隘不能广容。倡议别筑，以机缘不熟而止。虚云和尚于己巳莅山，百废俱举。越明年，于闽山耆宿，及诸檀信，几经审度，博采群谋，于寺外罗汉台前，围池一区，倚山瞰江，建佛楼一座，安发菩提心僧四人司香火，朝夕清

课，使现前庶类，听闻经法，启发灵觉。楼下五楹，为大门正厅，为招待室，为僧寮，为客堂，为斋夫宿舍。楼前凿方池，庭左右循石级而降，地渐广倍于上。居中作场，三面筑室，楼上楼下计六十楹，爽垲宏敞。上储囊秣杂粮，下列马厩，牛栏，羊牢，鸡埘，豚栅及鹅鸭所，区分类别，牡牝不使混，按时收栖放牧，各有定处。荫有树，饮有泉。分给刍粮，扫除屎溺，则佣任之。防闲管理，稽载存亡，则僧督之。草创伊始，规模毕具。计是役经始于壬申仲秋，迄癸酉仲夏，需款一万余金，大工始庆落成。旷览神州，频年兵燹。哀我灾黎，肝脑涂地。荡析流离，苦不堪言。是处尚幸井里无恙，斯园克竟厥功。未始非好生一念所感召。然祸福倚伏，何可自宽。道德不讲，奢靡相尚，实风俗人心之忧。窃愿在事善信，暨凡百君子，本慈悲爱物之心，而仁民，而尊亲。敦仁尽性，还淳反朴。蠲人我见，忏贪嗔毒。正己化人，背尘合觉。满如来度生之愿，生极乐清净佛国。将见泰和洋溢，物我同春。以兹园功德，为大辂椎轮，作先河指导，不亦懿乎。

癸酉闰五月

此外，许多名家留下与涌泉寺相关的诗歌。

鼓山涌泉寺 ①

② 幽磴盘空曲，云飞涌化城。

---

① 作者施润章（1618—1683），字尚白，号愚山，江南宣城（今安徽宣城）人，清顺治六年（1649）进士。康熙时，召试博学鸿词，官至翰林院侍读，于康熙七年游闽。

② 幽磴：磴指山路上的石阶，幽磴指幽静的石阶小路。

海风岩际落，江雨洞中生。

说法龙来听，闻钟石自鸣。

不辞节杖远，绝顶更孤行。

宿涌泉寺 ①

烟笼远树郁苍苍，瓦枕萝茵借上方。

② 半榻<u>尘心</u>侵<u>鹤梦</u>，一炉<u>香篆</u>隐龙章。 ③

暮云寻路归孤嶂，落月依人到曲廊。

④ 爱听烧庵<u>旧公案</u>，露寒犹坐<u>赞公</u>房。 ⑤

题鼓山涌泉寺 ⑥

节届重阳日，我来访涌泉。

清风鸣地籁，凝雨湿山川。

浮岭多松柏，依崖有杜鹃。

考亭遗址在，人迹却萧然。

另外，赵朴初于一九八一年春节也有一首佚名题诗：

---

① 作者林必达（1630—1698），字河子，福建闽县（今福州市）人。清顺治十一年（1654）武举人，官山西游击。

② 尘心：指世俗之心。鹤梦：指好梦，谓超凡脱俗的向往。

③ 香篆：以香造篆文，点之以火，以测时。后唯为闻香烧于饮席或佛前。龙章：以经卷之，梵文形若龙蛇之盘旋，故称龙章。

④ 旧公案：指禅宗公案《婆子烧庵》。

⑤ 赞公：唐朝僧人。曾与杜甫等交游。杜甫《别赞上人》："赞公释门老，放逐来上国。"

⑥ 作者郭沫若（1892—1978），原名郭开贞，字鼎堂，号尚武，四川乐山人。中国作家、诗人、历史学家、考古学家。生平著作超过百万字，集结为《郭沫若全集》三十八卷，分为文学编、历史编、考古编。

撑柱南天是此山，<u>梵宫</u>气象罕能<u>班</u>。　①

何当尽遣浮云去，满目清华照世间。

甘彻中边泉涌地，音闻上下<u>石喧空</u>。　②

③　千年涧壁恒<u>沙偈</u>，都在当时一<u>喝</u>中。　④

⑤　<u>白云深处</u>见青天，凛凛宗风三百年；

⑥　昔日<u>为霖</u>今<u>普雨</u>，看教此土尽庄严。

⑦　<u>斋堂</u>辞岁又迎春，悟得同时换旧新。

为劝禅师常住世，千灯盏盏付来人。

【小百科】

《华严经》：全称《大方广佛华严经》，佛教徒认为该经是释迦牟尼成佛时在禅定中为四十一位法身菩萨宣说的至上要典。学术界一般认为，《华严经》的编撰经历了很长的时间，最早流传的是其中的单行本，共有三种汉译本，分别是东晋佛陀跋陀罗译六十卷，称《六十华严》（或《旧译华严》或《晋译华严》）；唐实叉难陀译八十卷，称《八十华严》（或《新译华严》）；唐般若译四十卷，称《四十华严》，全称《大方广佛华严经入不思议解脱境界普贤行愿品》。这是中国佛教宗派华严宗所宗

---

① 梵宫：梵天之宫殿也。今以为佛寺之称。《法华经·化城喻品》曰："其国界诸天宫殿，乃至梵宫，六种震动。"班：动词，比拟。

② 石喧空：涌泉寺的泉水十分甘美，敲钟的声音令石头都动容。

③ 沙偈：禅宗中指开悟时所作的哲理诗文。

④ 喝：禅宗开悟手段之一。

⑤ 白云深处：普雨长老书写"白云深处"四个大字。也可直译为白云深处，雾气萦绕。

⑥ 为霖：为霖禅师，清初鼓山住持。普雨：丈室中有普雨长老所书"白云深处"四字。

⑦ 斋堂：寺院斋堂。

依的经典。其中"三界唯心""菩萨修行阶位""法界缘起"等思想都对中国佛教发展产生重要的影响。

三世佛：指过去佛、现在佛和未来佛。是伴随着佛教的时空观出现的信仰系统，认为三世十方世界均有佛在度化众生。如弥勒菩萨就被当作未来佛。

西方三圣：指西方极乐世界的三尊菩萨，分别是阿弥陀佛、观世音菩萨和大势至菩萨。后两者将依次接替阿弥陀佛成为西方极乐世界的教主。

三、怡山西禅寺

西禅寺距今已有千余年的历史，原名清禅，后唐长兴年间改名长庆，后来的福州城有四大寺，分别是东禅、南禅、北禅和西禅。寺院近祭酒岭，有山凸起，名为怡山，又曰凤山。故又称其为怡山西禅寺。《三山志》载："寺隋末废，唐咸通八年，观察使李景温，招沩山僧大安来居，起废而新之。"若以此论为依，西禅寺的历史较雪峰寺和涌泉寺还要早。

（一）炼丹飞升与佛寺改建

西禅寺坐落于福州市西郊怡山。怡山是一座小山丘，因形如飞凤落坡，又名凤山，民间俗称"飞凤落山"，是风水宝地。《三山志》载："梁时有王霸仙人在怡山修道。"此地为炼丹士王霸居所。王霸的父亲王增自齐朝入闽："自齐朝渡江入闽，宅于西禅（即今西禅寺所在地）。"①后来王霸在皂荚树下"蝉蜕而去"，羽化成仙。相传王霸能够点石成金，在饥荒之年卖金买米，救济贫苦百姓。《福建通志》载：唐贞元中，观察使李若初登城楼望见有五种色彩的云在王霸住所上向天上飘去，于是就在原址上建冲虚观祀之。

---

① 《闽书》卷二之《方域志》中福州侯官县"怡山"条。

西禅寺俯瞰图

　　五代时，闽王除了大力扶持佛教外，对道教也十分热衷，道教更成为王氏一族统治国家的工具。王审知之后的几任闽国主，都十分热衷道教。王审知初入闽时，道士利用谶语为其割据福建和统治制造舆论，当时福州还有王霸坛、炼丹井。坛边的皂荚树枯萎了很久，一天忽然生新枝叶，炼丹井中又有一只白龟浮出水面，王延钧命人掘地而得写有"王霸裔孙"的铭文，遂认为这是指王氏一族。王延钧便在坛边建造了雄伟的道观——宝皇宫，王氏也自称道士王霸的后裔。唐咸通八年（867），观察使李景温延请长沙懒安禅师来此兴建佛寺。两年后改名清禅寺，不久又改名延寿寺。

（二）宋荔流芳与五百罗汉堂

前有白居易所写"一骑红尘妃子笑，无人知是荔枝来"，后有宋朝苏东坡"日啖荔枝三百颗，不辞长作岭南人"。西禅寺中就有这样一株千年的宋代荔枝树，这棵树位于西禅寺的三合堂前，传说为宋天圣元年（1023）种植，是目前我国最大的荔枝树。据南宋著名书法家蔡襄所撰写的《荔枝谱》（我国第一部荔枝专著），这棵荔枝树枝繁叶茂，果实累累，十分壮观。法堂前后四棵由唐代慧棱法师亲植，唐荔名为"天洗碗"。西禅寺有千余年历史，可以说就是一座荔枝园，寺院内外栽种不同品种荔枝，现在寺院里荔枝树大多由这棵宋荔的母体嫁接而来，"庭满荔枝三百数，碑传兰若一千年"。西禅寺的荔枝树长势特别好，如诗歌中说的："一肩火齐簇零星，箬笠蒲筐插叶青。长庆门前刚摘尽，满街斜日卖枫亭。"长庆就是西禅寺门，诗中说西禅寺的荔枝都被摘光了，枫亭的荔枝才开始售卖。这说明西禅寺荔枝结果早，这是西禅寺荔枝的第一个特点；第二个特点是西禅寺的荔枝质量好，《西禅荔枝谱》载："荔枝品目繁多，诸家谱牒不下百种。西禅所出以蚛核见称。蚛核者，蔡谱所谓丁香荔枝者是也。谱曰：核小如丁香，亦谓之蚛核，皆小实也。"故明代之后，西禅寺每年都会举办荔枝诗会，许多文人雅士都会到寺里相聚，品荔吟诗，煮茗畅饮，"怡山啖荔"也成为福州民俗生活中的重要活动。许多古代和近代文学家都留下相关的诗篇或传记。如清代朱彝尊写有诗句："重来疑梦寐，六月传清凉，七星空有井，不用汲寒浆。"中国佛教协会前会长赵朴初也留有"禅师会得西来意，引向庭前看荔枝"这样禅意十足的妙句。西禅寺楹联中也有许多与宋荔有关的，如"荔树四朝传宋代，钟声千古响唐音"（西禅寺大门坊柱），"隋替唐兴，一脉泉源通海外；梁蒔宋盛，千年荔子矗庭前"（西禅寺玉佛阁）。

宋荔

西禅寺的五百罗汉堂非常有特色，上下一共六层，立体布局，站在最高层可以俯瞰西禅寺全景，每一层都有栩栩如生、姿态各异的罗汉，千姿百态，慈眉善目。汉语"罗汉"一词，是"阿罗汉"的简称，梵文是 Arhat。早期的佛教认为，一般弟子能够获得的最高果位就是罗汉。罗汉又分为四个层次（四果），分别是初果罗汉（须陀洹）、二果罗汉（斯陀含）、三果罗汉（阿那含）、四果罗汉（阿罗汉）。至于五百罗汉，一般的说法认为就是佛陀在世时的常随大众，在佛陀去世后参与经典结集的五百名弟子。后来的佛教经典中五百罗汉的由来又有不同，《报恩经》说五百罗汉前生是大雁，《大唐西域记》说五百罗汉前生是蝙蝠。还有人说五百罗汉前生是强盗。

（三）高僧大德

　　大安禅师，百丈怀海禅师之法嗣，俗姓陈，幼年时便对佛法颇有好感，便出家入道。元和十二年（817），大安禅师于浦城县（今福建南平）凤栖寺受具足戒。后又前往福清黄檗山参学，学习大小经论及戒律。通过一段时间的学习，仍然觉得未识见本心，自言"我虽勤苦，而未闻玄极之理"。他于是踏上参访的道路，行脚途中曾得一人点化，谓曰"师往南昌，当有所得"。于是，大安禅师便前往洪州百丈山参礼百丈怀海禅师，最后得百丈印可。大安禅师与希运禅师是法兄弟，曾经辅助灵祐禅师（771—853）主持潭州沩山（今湖南长沙）。唐懿宗咸通八年（867），大安禅师回到福建，于福州西郊怡山创建清禅寺，当时的常住僧达三千人之多。咸通十四年（873），唐懿宗为大安禅师赐号"延圣大师"。大安禅师晚年回到故乡黄檗山安居，于僖宗中和三年（883）圆寂，谥号"圆智大师"。明末隐元禅师缅怀大安祖师功绩，作赞《懒安禅师》："识得牛儿，蓦札归栏，不犯苗稼，真个懒安，突出闽城二十载，占人田地太无端。"这里说的骑牛，是大安禅师参百丈时的一个公案。

　　初礼百丈禅师，大安禅师便问："学人欲求识佛，何者即是？"
　　百丈禅师道："大似骑牛觅牛。"
　　大安禅师又问："识得后如何？"
　　百丈禅师道："如人骑牛至家。"
　　大安禅师进一步问："未审始终如何保任？"
　　百丈禅师道："如牧牛人，执杖视之，不令犯人苗稼。"

大安禅师晚年回到怡山西禅寺，终日端坐，少言寡语，寺内大众在背后偷偷称其为懒安禅师，如有僧人对此讨论道："终日不言不语，如草石一般，禅焉？"另一僧答："终日端坐，既不领众梵修，亦不指寺务，禅焉？"听到大众的议论，大安也未曾改其日日坐禅的习惯。直到一日，他召集众人，告曰："今日请与我一样终日端坐，不言不语，不出三天，即可识自己本来面目。"大众于是开始静坐，谁知按照大安禅师的要求，一日毕则个个腰酸腿痛。翌日，一个个前来请求参与寺院其他工作，也不愿坐。大安禅师这时才告诉大众："老僧坐一日，胜过千年忙。"大众无言。佛教里也有云："静坐一须臾，胜造恒沙七宝塔。"可见静坐的功德之大。其实大安禅师不是一个懒者，他年轻时，协助法兄弟灵祐禅师开创沩山，继承农禅的传统，一日不作，一日不食。每日非常辛苦，不是搬柴就是送水，亦不离开禅。农作是禅，端坐亦禅；语言是禅，不语亦禅；动是禅，静亦是禅。大安禅师正是继承了马祖道一"平常心是道"的禅法特点。

西禅寺放生池走廊

怡山第四代祖师慧棱，俗姓孙，杭州海盐（今浙江嘉兴）人，据传刚出生时便有紫胎衣包身，如袈裟般。十三岁在苏州通玄寺出家，后拜谒雪峰义存禅师，借助义存的指点和自己的刻苦学习，终于顿见本性，悟得玄旨。开悟后仍然在义存处参学三十年，未曾下山。唐天祐三年（906），泉州刺史王延彬请担任招庆寺住持。后梁开平三年（909），慧棱应闽王之请移居福州怡山长庆寺，为第四代的中兴住持，号"超觉大师"，全国各地前来参访的僧众达一千五百人之多。传说慧棱在跟随雪峰义存学习的日子里，曾经坐破七个蒲团，一朝卷帘开悟。下面两首诗便是他开悟时所述：

> 也大差，也大差，卷起帘来见天下。
> 有人问我解何宗，拈起拂子劈口打。

义存禅师看后，对玄沙师备说，此子开悟了。玄沙却认为还需要再考验一下，慧棱后又写了一首：

> 万象之中独露身，唯人自肯乃方亲。
> 昔时谬向途中觅，今日看来火里冰。

慧棱于后唐长兴二年（931）示寂，塔在怡山丈室后，至今犹存。以上两位高僧，中外闻名，《五灯会元》《高僧传》皆载其事迹。此外，宋了然禅师，曾撰发愿文，该文在全国广为流通，后纳入各寺庙早课中经常念诵，人称《怡山发愿文》，此文刊在《禅门日诵》中，至今传诵。

圆拙法师，俗名贺道省，一九〇九年生于福建省连江县，一九三四年礼体磐和尚为师，在莆田广化寺出家。第二年，便在西禅寺受具足戒。一九三六年随弘一大师前往青岛弘法，一九三八年又赴苏州灵岩山寺，依止印光大师专修净土法门。圆拙法师一生勤研戒律，修行精进，对于佛教事业的推动发展更是不遗余力。受印光大师的影响，尤其注重经典的流通。一九三七年，圆拙法师住持怡山西禅寺时即印制三十余种佛经。"文革"时期，圆拙仍然以蜡板刻写油印佛经格言及普及类读物。圆拙法师一生爱国爱教，道德品行高洁，严于律己，宽以待人，倡导印光法师提出的"深信因果，信愿念佛"的主张，以此来接引众人。曾任中国佛教协会副会长、咨议委员会主席，福建省佛教协会副会长。一九九七年，圆拙于广化寺安详示寂。

（四）东南亚分院与国际弘法

西禅寺的法脉不仅在现代声名远播，在五代时就已传到新罗，当时新罗的僧人龟山和尚就曾到福州长庆寺参慧棱得法。新加坡双林寺是西禅寺在海外的廨院。光绪二十四年（1898），寺僧贤慧法师到达新加坡，由当地华侨刘金榜父子募捐筹建双林禅寺，礼请其担任住持。光绪二十七年（1901），贤慧示寂，其弟子性慧接续法席，性慧弟子也属于西禅寺后代弟子，足见两寺友谊之历史悠久。一直以来，西禅寺的法席传递在双林寺绵延不断，两寺近百年以来的交往和佛教文化交流，昭示了中国和新加坡两国人民的友好情谊。青凯法师，生于清宣统二年（1910），原籍福鼎，俗姓雷，二十岁时在怡山西禅寺得戒于圆空和尚，民国十八年（1929），青凯受具足戒，四处参学。到达新加坡，住持过莲山双林寺、普觉寺、龙山寺诸寺，前来皈依的弟子众多。民国十三年（1924），福州西禅寺永心、醒觉两禅师到达越南西贡弘法，当地寺院的僧人便将寺院捐出当作西禅寺在海外的廨院。民国三十七年（1948），在越南弘法的西禅寺僧于西贡创立南普陀寺，同样作为西禅寺的廨院。

谈禅（1919—2006），俗名周斌，福州长乐县人，十六岁依福州长乐县护国寺彻参和尚剃度出家，号宏悟，字谈禅。翌年，从福州怡山长庆禅寺腾香和尚受具足戒。谈禅法师受具足戒后，四方游历，参学访道，曾在鼓山涌泉寺习禅，后又转往怡山西禅寺，担任念佛堂导师。谈禅法师行脚诸地，与香港法缘颇深。到一九五四年，谈禅又南下马来西亚弘法，足迹遍大马各地，曾住槟城极乐寺、吉隆坡圆通寺，协助发展寺务。同年，承吉隆坡圆通寺住持明妙和尚传授心法，为曹洞宗第五十世嗣法门人。先后住持马六甲明觉莲社九年（1961—1969）。一九七〇年，谈禅于新加坡创建长庆寺。被推举担任新加坡莲山双林寺第十三代住持前后三十一年（1975—2006）。一九八〇年，谈禅返福州，巡礼祖庭西禅寺，见殿宇满目疮痍，遂发愿修复祖庭。故奔波于海内外，筹集净资，修复旧宇，新建殿堂、报恩塔等。千年古刹，焕然一新，宗风再振。谈禅的弘法还遍及美洲。一九八三年受礼聘为美国旧金山大觉莲社董事长，达十二载。一九九三至二〇〇三年，任旧金山慈恩寺董事长。

妙华法师（1922—2009），俗姓郑，福建福鼎人，十一岁跟随母亲出家。一九四一年，在怡山西禅寺依传谨法师剃度，第二年便受具足戒。一九四五年，赴越南创立万佛寺。后来游化弘法于菲律宾、马来西亚、新加坡等地。

西禅寺法脉遍布东南亚，乃至远传欧美。历史上形成的廨院目前保持下来的有新加坡莲山双林寺，马来西亚槟城双庆寺，越南堤岸南普陀寺、二府庙、观音寺，印度尼西亚雅加达西禅寺等，至今仍由西禅寺一系的僧侣前往管理和主持寺院事务。西禅寺也成为福州与东南亚一带文化交流的窗口。西禅寺历史上形成的这种法缘关系和廨院传统，使西禅寺成为积极开展对外交流活动的平台，以宗教交往作为窗口，增加相互之间的友好往来。西禅寺现任方丈赵雄曾多次带人前往外地交流、访问，新加坡和印尼等寺院有重要佛寺活动乃至高僧圆寂之时，赵雄方丈还亲自前往料理后事。相互之间的信任、传承，经过百年时间的积淀，成为西禅寺海外弘法的重要基础。

（五）与台湾地区佛教之间的关系

《台湾省通志》载："台湾佛教本流是由福建鼓山以及西禅二大禅寺传来。"西禅寺客堂内壁立有一块清光绪十年（1884）石碑，记述寺僧微妙渡台募捐建殿，陈承裘与杨浚两人为发书台湾吏士。清嘉庆九年（1804）的《重修怡山长庆寺碑记》中有寺僧继云禅师赴台募化的记载。寺中还存有与台湾地区有关的楹联、佛龛木刻题识等众多文物。

（六）历史遗存古迹与文物

西禅寺文物古迹丰富，如留有一九三七年福州船政局为其建造的一对铁杆塔，涌泉寺亦有一对。寺内客堂内壁嵌有一九五二年出土的《唐福州延寿禅院故延圣大师塔内真身记》，系西禅寺开山祖师大安塔铭，属于唐代碑刻，保存良好。《真身记》对大安的生平与俗家事务有所说明："大师讳大安，则禅门大善知识，演如来最上乘。癸酉年，降生于福州福唐县陈氏儒学之家也。"这与《祖堂集》《黄檗山志》《福清县志·宗教志》所载一致，与《宋高僧传》《景德传灯录》《五灯会元》等所载有所出入。由此可推断大安生于唐德宗贞元九年（793）。这一记载也弥补了佛教史记载的不足，足见其史料之珍贵。

另有唐咸通年间（860—874）开凿的七星井，该井盖由四块花岗岩板缀合而成，有块石板外镌刻两段题字，"唐咸通八年十二月八日，开山大安禅师造"，"嘉庆二十五年四月八日，沙门德安暨合山等重修"。相关文物还有五代慧棱禅师舍利塔，又名朝觉塔，清沈涵《长庆寺志》载

"后唐长兴三年，王延彬遣官营建，判官林文盛撰碑铭"。慧棱禅师墓塔数米远，还有乐说禅师墓塔。《长庆寺志》载："乐说禅师塔，载法堂后，慧棱禅师塔左，康熙三十四年弟子陈宗柏建，鼓山为霖禅师铭。"除了这两座塔外，还有现代建造的报恩塔。报恩塔是一九八六年新加坡双林寺住持谈禅法师四处募集资金修建的，塔高六十八米，十五层，为福建省内最高的佛塔。塔的外围坐龛中雕有七十八尊罗汉石刻像，塔内的墙壁上有三十二幅壁画介绍释迦牟尼从生到成佛的过程。寺内还存有元至正九年（1349）僧人崇敬舍资雕刻的一对石门鼓，清康熙御书《药师经》，清雪庵朱底金字百寿屏，民国印光撰、弘一书之《怡山放生池围墙落成回向偈》石碑等。

文佛塔

（七）文人墨客与西禅寺

历史上许多文人墨客在游历西禅寺时留下诗文作品，现选取部分列出。

怡山长庆寺 ①

② 行行金碧里，气象恍如春。

不记来时路，自嫌衣上尘。

院香知有佛，僧静似无人。

③ 十载京华梦，相逢一欠伸。

西禅斗车堂 ④

⑤ 杰阁雄楼杳霭间，佳辰良夜共跻攀。

斗回高柄临华栋，月涌清光出远山。

⑥ 急景行将悲晼晚，此身难得到宽闲。

世间百虑何时了？且对金樽一解颜。

题西禅寺 ⑦

谁是怡山不灭仙，定光来应此方缘。 ⑧

---

① 作者李觏（1009—1059），字泰伯，南城（今属江西）人，号盱江先生，是我国北宋时期重要的哲学家、思想家、教育家、改革家。他生当北宋中期"积贫积弱"之世，虽出生寒微，但能刻苦自励、奋发向学、勤于著述，以求康国济民。诗受韩愈影响，命意遣词，力求新奇。有《直讲李先生文集》。

② 金碧：形容殿堂佛像金碧辉煌。

③ 京华梦：谓思梦京都，亦指京都生活如梦之易逝。

④ 作者李纲。

⑤ 杳霭：云雾缥缈。

⑥ 悲晼晚：老年时期。

⑦ 作者黄裳（1043—1129），字冕仲，号紫玄翁，宋福建延平（今南平）人。元丰二年（1079）进士第一。政和间（1111—1118）知福州，累迁端明殿学士、礼部尚书。精礼经，晚年喜读道家之书。著有《演山集》。

⑧ 定光：燃灯佛。

① 龙骧凤翥三宗子，狮吼雷鸣六祖禅。 ②

③ 鱼佩独垂聊徇世，藕丝相感为开天。 ④

自从日月归真后，衣钵何人已得传。

宿怡山兰若 ⑤

⑥ 别路绕珠林，秋来落叶深。

一灯今夜雨，千里故人心。

已沉空门幻，还惊旅况侵。

坐闻钟鼓曙，离思转沉沉。

病起步西禅 ⑦

⑧ 一春伏枕莺可怜，病起野池明白莲。

偶尔梳头出城郭，便因看竹到西禅。

---

① 龙骧凤翥：形容年轻奋发有为。

② 六祖：慧能。

③ 鱼佩：古代官吏佩戴于身的鱼符。徇世：随顺世俗。

④ 开天：启发天性。

⑤ 作者王偁（1370—1415），字孟扬，永福（今福州市永泰县）人。"闽中十子"之一，诗歌创作可与林鸿、王恭鼎足而立，是明初闽中诗派的重要诗人。为人英迈豪放，学博才雄，工诗善书；其诗质朴清新，不落窠臼。曾任《永乐大典》副主编，最为解缙所推重。永乐八年（1410），因解缙被诬案，受株连下狱死，卒年仅四十六岁。著有《虚舟集》五卷。兰若：僧人所居处也。其义即空净闲静之处。

⑥ 珠林：指佛寺。

⑦ 作者郑善夫（1485—1523）：字继之，号少谷，又号少谷子、少谷山人等，闽县高湖乡（今福州郊区盖山镇高湖村）人，明代官员、儒学家（阳明学）。善书画，诗仿杜甫。著有《郑少谷集》《经世要谈》。

⑧ 伏枕：卧病在床的人。杜甫《秋兴八首》之一："画省香炉违伏枕，山楼粉堞隐悲笳。"

天晴求食鸟双下，日午闭门僧独眠。

① 明发<u>螺江</u>有行役，红尘白雁异风烟。

西禅寺 ②

野旷烟光淡，林深暑气微。

乱蝉鸣觉路，一犬护禅扉。

花木通诸径，<u>梅檀</u><u>大几围</u>。　　③

④ <u>云房</u>吟卧久，直到晚凉归。

游西禅寺 ⑤

⑥ 晓色<u>带</u>江城，疏林空翠晴。

眷兹秋风爽，复得赏心清。

⑦ <u>宝刹</u>凌云笋，<u>金绳</u>倚日明。　　⑧

---

① 螺江：闽江南港（又称乌龙江）之一段，北接阳岐江，南连峡江。

② 作者徐熥（1561—1599）：明藏书家。字惟和，别字调侯，闽县（今福建福州）人。著名藏书家徐燉之兄。明万历十六年（1588）举人。学识渊博，不求闻达，致力于诗歌创作，其诗"俯仰古今，错综名理"。万历年间，与其弟徐燉在福州鳌峰坊建"红雨楼""绿玉斋""南损楼"以藏书、校勘图书为事。家富却好周济，有"穷孟尝"之雅号。卒后入祀于乡贤祠。著有诗十卷、文十卷，结集为《慢亭集》，并辑明洪武至万历年间闽人诗作成《晋安风雅》，又撰有《陈金凤外传》。

③ 大几围：此处用来说明树木大。

④ 云房：僧道或隐者所居住的房屋。

⑤ 作者林世璧（生卒年不详），字天瑞，林炫之子也。明福建闽县（今福州）人。高才傲世，醉后挥洒，千言立就。后游山失足坠崖死，年三十六。著有《彤云集》《林公集》。

⑥ 带：环绕。

⑦ 宝刹：指西禅寺。

⑧ 金绳：佛家语，见《法华经》："国名离垢，琉璃为地，有八交道，黄金为绳，以界其侧。"这里是指西禅寺周围的建筑群。

岩花相映发，谷鸟自和鸣。

世界人天接，河山岁序更。　①

② 佛香烟共暝，法镜月俱盈。　③

④ 悟理非关象，超玄讵可名？

⑤ 云何牵世网，扰扰负平生。

游西禅　⑥

烟际辨禅扉，山深竹径微。　⑦

⑧ 鸟窥双树下，僧踏芹云归。

林叶飘秋色，岩花媚夕晖。

应思尘土客，此地到应稀。

重过西禅寺　⑨

城市蹉跎忽几春，重来古寺对佳辰。

---

① 岁序：四季节序。

② 暝：昏暗不清貌。

③ 法镜：佛教语，比喻佛法。谓佛法如镜，能照彻万物。

④ 象：凡有外形的东西，统称为"象"。这句话是说悟到佛理，不是由于外界的物质，而在内心。

⑤ 世网：尘世的羁绊。

⑥ 作者王湛（生卒年不详），字汝存，明福建闽县（今福州）人。万历中岁贡生。群志《文苑传》称其"博学有伟才，尽通训诂百家之言，文尚声华"。著有《王生集》。

⑦ 竹径：小径。

⑧ 双树：婆罗双树，也称双林。为释迦牟尼入灭之处。

⑨ 作者陈椿（生卒年不详），字汝大，明福建闽县（今福州）人。明万历年间邑庠生。其母得滞病，椿以黄帝扁鹊之言为其诊病，病治愈。由此乃有所悟，遂以医治百病。著有《景于集》八卷、《养生悟言》三十卷、《竹轩杂录》十卷等。终年六十六岁。

① <u>天花</u>绕座香仍在，芳草衔杯迹已陈。

② 门掩<u>孤峰</u>巢野鹤，钟鸣双树断行人。

无因更证三生果，竹杖蒲团寄此身。

游西禅寺 ③

松门云际寺，花木转幽深。

处处欲投足，房房生住心。

苔纹青绣壁，<u>荔火赤烧林</u>。 ④

一径斜阳外，归僧逐暮禽。

游西禅寺 ⑤

城西十里路，春树变鸣禽。

远寺寻钟入，山僧避客深。

雨花天外落，石榻洞中阴。

⑥ 悟得<u>空门</u>意，吾生已<u>陆沉</u>。 ⑦

---

① 天花：形容佛教世界美好，有香花从天散落。

② 孤峰：怡山。

③ 作者徐𤇍。

④ 荔火赤烧林：西禅寺多荔枝树。

⑤ 作者谢肇淛（1567—1624），字在杭，福建福州长乐人。生于钱塘（今浙江杭州），号武林、小草斋主人，晚号山水劳人，明代博物学家、诗人。其诗清朗圆润，为当时闽派作家代表。曾与徐𤇍重刻淳熙《三山志》，所著《五杂俎》为明代一部有影响的博物学著作，《太姥山志》亦为其所撰。

⑥ 空门：因佛教阐扬空的道理，并以空法作为进入涅槃之门。

⑦ 陆沉：陆地无水而沉，比喻隐居之士。也可比喻为埋没、不为人知，或国土沦陷于敌手。

近现代以来，许多名人与西禅寺有比较密切的往来，如严复的儿子严叔夏继承了其父亲治学的传统，对佛学颇有好感，潜心研究，曾应邀到怡山西禅寺讲经。因为严叔夏是从哲学学科的角度去探究，加上又懂梵文，对佛经的理解往往有新见，他又善于联系实际，深入浅出，得到大众的认可。当时听讲的不但有僧人，也有众多文人雅士包括社会名流。严叔夏在当时成为著名的佛学居士。

【小百科】

《大唐西域记》：唐玄奘述，辩机记，共十二卷，玄奘西行取经回国后，奉唐太宗之命而著。贞观二十年（646）成书。全书记载玄奘一路西行十九年的求法所见所闻，以及玄奘路途经过的国家、地区、城邦的情况，包括疆域、气候、山川、风土、语言、宗教、寺院以及历史神话传说。此书是研究中古时期中亚、南亚诸国的历史、地理、宗教、文化和交通史的珍贵资料。

西来意：指菩提达摩西来传播禅法，后来又成为禅宗公案中的话头供僧人参学。

印光：中国近代僧人，法名圣量，别号常惭愧僧。一生弘扬净土宗和念佛法门，创立弘化社印赠佛书，著作有《印光法师文钞》（增广、续编、三编、三编补），其中《宗教不宜混滥论》《一函遍复》《净土决疑论》《净土法门普被三根论》是比较有名的篇章。

慧棱：杭州孙氏子，十三岁出家于苏州通玄寺，后又入雪峰寺参学，来往雪峰与玄沙两寺二十年。天祐三年（906），泉州刺史王延彬礼请慧棱住持招庆寺。后梁开平三年（909），王审知礼请住持福州长庆寺，封号超觉大师。后唐长兴三年（932）五月，圆寂于怡山。

乐说禅师：广州番禺县麦氏子，康熙三十一年（1692）入闽，住持西禅寺三年，百废俱兴，三十四年（1695）元月，坐化而逝。

四、雪峰崇圣寺

　　闽侯雪峰崇圣寺，位于闽侯县大湖乡雪峰山南麓，距离闽侯县城五十多公里，距福州市区七十多公里，有"江南第一丛林"之称。寺院建造时间比涌泉寺还早三十多年，又有"南方第一刹"之称①。南宋时，名入禅院"五山十刹"之列，已是全国等级最高的寺院。历代佛门龙象辈出，香火鼎盛。雪峰山绵延六十里，纵跨三县地界（闽侯、罗源、古田），峰顶海拔八百米。此峰原名"象骨峰"②，相传当年闽王王审知到此，与义存对话得知"山顶暑月，犹有积雪"，便改山名为"雪峰"③，沿用至今。雪峰义存禅师示寂后，到明永乐年间，有洁庵禅师中兴祖庭，又五百年后，光绪时有达本禅师重兴。此外，胜进法师于1938年到马来西亚弘法，修建下院，时常汇款回国修建寺院。

　　光化三年（900），寺院改名称"应天广福禅院"。宋太平兴国三年（978），朝廷赐名"雪峰崇圣寺"，沿用至今。宋宁宗时，雪峰崇圣寺还名入全国禅院"十刹"之七，成为广大佛教徒朝圣参拜的圣地。古人有诗称赞道：

---

　　①　《闽都记》载："里人蓝文卿舍田七千余亩，房屋五百间，诸物充足，遂为南方丛林第一。"（日）常盘大定、关野贞著，王铁钧、孙娜译：《晚清民国时期中国名胜古迹图集·第六卷》，中国画报出版社2019年版，第185页。
　　②　据传有人于此峰得象骨而得名。
　　③　明曹学佺有《雪峰山》诗："千仞岩峦积雪重，高寒六月气如冬。祖师一语酬王问，法嗣于今指雪峰。"

太华凝结素芙蓉，隔崦流云淡复浓。

夏入伏中微觉暑，时移秋半便如冬。

银锄错落千重岭，玉砌嵯峨百丈松。

几度雨花台上望，光摇楼阁起霜钟。

（一）一花开五叶

此说源于禅宗的法脉传承。

"一花"指释迦牟尼付法给大迦叶时，释迦牟尼拈花，大迦叶微笑。此事载于《五灯会元》与《大梵天王问佛决疑经》（失译）①，释迦牟尼入灭前夕，召集大众在灵山进行最后一次讲法。有一位大梵天王向释迦牟尼敬献了一朵金色莲花，请求释迦牟尼开示还未宣说的广大微妙法门。释迦牟尼一语不发，拈起金色莲花示予众人。弟子和听众面面相觑，不知此是何意。只有释迦牟尼的大弟子摩诃迦叶破颜微笑回应。释迦牟尼便开示说："吾有正法眼藏，涅槃妙心，实相无相，微妙法门，不立文字，教外别传，付嘱摩诃迦叶。"正法眼藏指释迦牟尼所传法之精髓，涅槃妙心指众生本具的佛性，实相无相，指释迦牟尼对于法义的分别。总的来说，释迦牟尼认可了其对佛法的领悟和所证到的境界。这便是"一花"的由来，"不立文字，教外别传"也成为中国禅宗推崇的基本准则。后来的禅宗文献都把"拈花微笑"这桩公案当作禅在印度的最早开端。自此，摩诃迦叶也被奉为西天初祖，一直传到第二十八祖菩提达摩。菩提达摩于南朝梁时渡海来到中国传播禅法，留下"一苇渡江""少林面壁""与梁武帝问答"等脍炙人口的故事。菩提达摩是中国禅宗初祖，

---

① 日本学者判此经为伪经。

传法于断臂求法的二祖慧可禅师，慧可传法于三祖僧璨，僧璨传法于四祖道信，道信传法于五祖弘忍，弘忍传法于六祖慧能。从菩提达摩到道信，以《楞伽经》和袈裟为宗依，历代咐嘱传承。弘忍之后开始以《金刚经》为主要传法经典，他嘱咐慧能，袈裟在其之后不再代代相传。

拈花微笑（菱田春草绘）

至于"五叶"，有一种说法认为是从初祖菩提达摩传法开始，从慧可到六祖慧能为止这五位中土禅宗祖师；另一种比较流行的说法是在六祖慧能之后，其门下徒众开创出的五支禅宗法脉，分别是临济宗（福清希运禅师）、沩仰宗（霞浦灵佑禅师）、曹洞宗（浙江会稽良价禅师）、云门宗、法眼宗。除了曹洞宗外，其余四宗皆源自福建，出自雪峰义存禅师门下的就有两支，一支是雪峰嫡系云门文偃创立的云门宗，另一支则是雪峰门下的再传弟子清凉文益创立的法眼宗。义存的禅法与当时另一位禅宗巨擘赵州禅师的禅法形成南北两地不同的宗风特色，时称"南雪峰，北赵州"。义存的弟子众多，一般弟子与信众不算，仅《传灯录》所载的入室法嗣就有五十五人，其中著名的有玄沙师备、鼓山神晏、云门文偃、福州慧棱、福州玄通、保福从展、长生山皎然，这些人之后皆为一方师，弘化一方。

（二）枯木庵和难提塔

"先有枯木庵，后有雪峰寺"，雪峰寺建于唐咸通十一年（870）。开山祖师义存禅师先在大枯树下结庵（即今之枯木庵），来参学的门徒渐多，容纳不下，于是在离庵三百步外选取新址建立场所，其址即今之崇圣寺。闽王王审知统治时大力支持佛教，于天祐二年（905）重建枯木庵。一九四七年又重修，庵内一枯树已三千余年，树腹中空，可容纳十来人，南面开一门洞，高两米多，宽约一米，门额如半圆形，似天然岩洞，据传是义存禅师初入此山时栖息之所。枯木庵面积虽小，与雪峰崇圣寺却有渊源关系。

枯木庵

"枯木庵"现位于寺院东南方两百米左右的"万工池"东侧"凉印台"上。枯木庵高三米三二，径七米一三，无枝梢。枯木上端的枝干已折断，只留木干，顶上露天敞开，表皮完全脱落，露出部分坚韧，树腹朽空，树腹内部刻有王审知捐款建造的题记"维唐天祐乙丑岁，造庵子及作水池，约五千余功，于时廉主王大王"，二十六字，皆楷书直行，字径约十三厘米。现比较完整的只剩下十九字，其余七字已在百年前被火灼烧灭尽。题记记录了唐天祐二年（905）闽王王审知捐款造庵和修建水池的历史。枯木腹内外原有宋、元、明题刻二十多段，现大多不可辨识，仅有宋丞相李纲的记游题记可辨字迹。内供奉有义存祖师像。树腹题刻历时已有千余年，非常罕见，金石家称为"树腹碑"，认为这是"金石以外奇珍"，与"金门岛牡蛎壳碑"、福州东岳泰山庙"瓷莲盆碑"称"闽中三大奇珍"。省文物部门先后两次拨款重修枯木庵，一九八五年枯木庵成为省级文物保护单位。

难提塔，又名祖师塔，是义存禅师的肉身塔，建于五代梁开平元年（907）。义存禅师临终前一年曾自画塔样，由闽王王审知特遣使者到江西瑞迹山选取石材建造，赐名"难提塔"。《三山志》载：唐龙纪元年（889），义存禅师生前便选好临终葬地并自作序。唐天复三年（903），闽王王审知将义存禅师所写自序刻于石碑，为《难提塔序》："虽

枯木庵题刻

然离散未至，何妨预置者哉！所以叠石结室，剪木合函，般土积石为龛。诸事已备，头南朝北，横山而卧。愿至时同道者莫违我意。"义存的遗骨便埋于此处，当时各地前来吊唁的人颇多："奔闽之僧尼、士庶仅五千人。闽王娣之……延禀如陈祭，是设斋焉。"塔形如圆钟，塔身用花岗石垒砌，每方石头上均镌卵形半球状卵石，共计两百余颗。据传，石卵突有爆裂异象，便会有大事发生，故衍生出"石卵爆花"的传说。《雪峰山志》记塔内为圹室，有铭与序，计二百二十五字，皆义存禅师自撰，王审知署名石刻，其中有谶云"石卵爆尽，吾当复生"。

义存舍利塔

（三）雪峰义存禅师

雪峰义存祖师（822—908），俗姓曾，讳勉，泉州南安涧埕村人，生于唐穆宗长庆二年（822），梁太祖开平二年（908）五月二日圆寂。号义存，"雪峰"是义存所住山名。义存的家庭世代信佛。《福州雪峰山故真觉大师碑铭》载："自王父而下，皆友僧亲佛，清净谨志。"可见，义存的家庭是典型佛教家庭，从祖先开始，就亲近僧人和佛教，对佛教思想都有所了解和践行，所以能在世俗之中，保持清净操守和业行。义存从小耳濡目染，这为他出家埋下了种子。碑铭中记载："大师生而鼻逆薰血，乳抱中或闻钟磬，或见僧佛，其容必动，以是别钟爱于膝下。"
文中说其生来就不碰荤腥，在襁褓之中听到寺院敲钟或者见到僧人、佛
像，脸上便流露出喜爱。义存九岁时请求父母希望出家未成功。到唐文
宗太和七年（833），义存十二岁时跟随父亲朝拜莆田玉涧寺，玉涧寺的
住持庆玄律师是持律精严的高僧。义存见到庆玄律师，便被他的威仪和
律行折服，于是跪地叩拜说："真乃我师也！"庆玄律师见义存聪慧灵敏，
便收其为徒，作为侍者。义存跟随庆玄律师长达六年之久。到开成三年
（838），义存十七岁时才正式依庆玄律师剃度落发，法号义存。会昌五
年（845），逢"法难"，全国上下整顿僧尼，义存受此风波影响被迫还
俗。不久他前往今福州北峰芙蓉山晋见弘照禅师①，弘照禅师见其异于常
人，便收为弟子。这一期间，义存"北游吴、越、楚、梁、宋、燕、秦，
受具足戒于幽州宝刹寺"。大
中四年（850），二十八岁的义
存在幽州（今北京市境）受具
足戒。其间曾三次到舒州投子
山参访大同禅师（青原系第五
代），九次到瑞州参访洞山良
价禅师（青原系第五代）。大
中八年（854），受法于湖南武
陵德山寺宣鉴禅师（782—
865）。宣鉴禅师对其评价颇
高："斯无偕也，吾得之矣。"
义存在雪峰山广福院住持四十

枯木庵内义存塑像

---

① 一说圆照禅师，马祖道一法嗣。

年，"常不减一千五百徒之环足"，从此"天下释子，不计华夏，趋之如赴召"，由此足见义存的号召力之广，中和二年（882），朝廷赐号"真觉大师"，御赐紫袈裟。

义存的禅宗法脉上继青原行思（六祖慧能之法嗣），下又开二宗，门下开悟获得大智慧的高僧颇多，总共分为五十四支，其中最著名要属云门宗创始人文偃（匡真禅师），文偃是义存禅师的入室弟子。法眼宗的创始人文益（净觉禅师）是义存禅师的三传弟子。此两派在晚唐五代禅宗五宗中就占据二席，故被后代学者称为"雪峰禅系"，在中国禅宗发展史上占有重要地位。在雪峰禅系的影响下，福建从唐以来便成为中国禅宗发展流传的重要根据地之一，单就福州许多古刹的开山与中兴而论，均和雪峰禅系在福建的发展紧密相关。昭宗大顺二年（891），由于战乱，义存前往浙江四明山避难，王审知管理福建后，大力扶持佛教发展，对义存礼遇有加："雅隆其道，为之增宇，设像，铸钟，以严其山。时则迎而馆之于府之东西甲第。"乾宁元年（894），王审知迎回义存，奉为上宾。五代后梁开平二年（908），义存示疾，王审知请医生为他看病，但回天乏力。五月初二日，义存示寂，世寿八十七岁，僧腊五十九年。王审知派遣儿子主持祭祀大典，埋其骨于难提塔。义存禅师存世著作有《雪峰清规》《雪峰语录》《雪峰遗珠》等。义存法嗣众多，福州鼓山的开山宗师神晏亦是其弟子，其宗风禅法更是传播到朝鲜半岛。

（四）文偃与云门宗

文偃（864—949），生于唐咸通五年（864）。俗姓张，嘉兴人。十五岁出家，僧传中载其"少依兜率院得度""幼依空王寺志澄律师出家"。二十一岁于常州受沙弥戒，在志澄门下又参学六年，"穷探律部，博览无遗"，终小有所成。唐昭宗龙纪元年（889），到睦州（今浙江建德县）参谒道纵和尚，请教佛理玄旨。经过五年的修学，到昭宗乾宁元年（894），道纵禅师见文偃慧根深厚，是大乘根器，便推荐文偃到福州雪峰寺拜谒义存禅师，文偃在义存禅师身边"朝昏参问"，无一日有变，得到雪峰认可，得其"密授心印"。得到义存禅师印证后，文偃历时十七年，游访国内诸山大川，礼参各方高僧名寺，研究学习各家各派的学说理论。后梁乾化元年（911），文偃到达曹溪南华寺，后又至韶州，参谒知圣禅师。知圣乃南岳下四世弟子，文偃是青原下六世弟子。后梁贞明四年（918），即南汉乾亨二年，知圣禅师示寂，适逢南汉王刘岩到达韶阳（今韶关）。刘岩遂下旨为知圣禅师举行盛大的荼毗法会，召见文偃禅师，请其为大众讲授禅法，赐紫衣一件。翌年，文偃继知圣法席。文偃升堂说法，一时盛况空前，人数多时达千余人。《云门山志》云："闻风向道者云来四表，拥锡依止者恒逾半千。"南汉乾亨七年（923），文偃为静心修习佛学，奏请南汉王移庵云门山，创建梵宇。文偃"倦于延接，志在幽静"，从灵树移锡云门。到云门后，来参礼学法者，与之前相比有增无已。据南汉陈守中撰《偃师碑铭》称："抠衣者岁溢千人，拥锡者云来四表。"南汉白龙三年（927），寺院落成，南汉王刘岩赐名"光泰禅院"。后奉诏改为"证真禅寺"。南汉大宝九年（966），又受敕改为"大觉禅寺"，一般信众却惯称其为"云门寺"。文偃被南汉王刘岩敕封为"大慈匡圣宏明"大师，四方求法参学的禅僧蜂拥而至。大有十一年（938），南汉王刘岩下诏令文偃禅师入宫宣讲禅法微密，刘岩本来要封文偃禅师官职，将其留在身边。文偃禅师以出家人不应过多参与俗务而婉拒，遂受加封为"匡真大师"。南汉乾和元年（943），奉刘岩之子刘晟的宣召再次入宫，阐扬禅宗思想，再获封赏。南汉乾和七年（949），文偃圆寂于云门寺。

文偃开创的禅法思想，以其所在寺院又被称为"云门宗"。《五灯会元》收录文偃禅法中最著名的"云门三句"——"一句'涵盖乾坤'，一句'截断众流'，一句'随波逐浪'"。云门宗与临济宗旗鼓相当。南宋以后，云门宗日渐衰微。文偃一生弘法六十六年，文偃的得法弟子众多，《五灯会元》载为七十六人，《禅灯世谱》统计共八十七人，《景德传灯录》所载继承者中有名的有香林澄远、德山缘密等六十一人。据《大汉韶州云门山光泰禅院故匡真大师实性碑并序》及《大汉韶州云门山大觉禅寺大慈云匡圣宏明大师碑铭并序》，得法弟子有百余人。云门弟子数量十分庞大，分布全国各地。一时间，云门宗成为与北方临济宗相抗衡的大宗。除此之外，亲近其修学的普通弟子有千余人，足见其影响力之大。

（五）文益与法眼宗

文益（885—958），号无相，唐末余杭（今浙江杭州市）人，俗姓鲁。七岁时在新定（今浙江淳安县）智通院礼拜全伟禅师出家。二十岁在越州（今浙江绍兴）开元寺受戒。后至阿育王寺（位于今宁波市鄞州区）从希觉律师学习戒律，同时熟习儒家经典。文益的悟性很好，学习能力强，尤擅长写作，深得希觉律师欣赏，得到众人的认可："振锡南游，止长庆禅师法会，已决疑滞。"（《宋高僧传》）之后辞希觉律师赴福州长庆寺（今福州西禅寺）参礼慧棱禅师（义存禅师之法嗣）学禅。之后四处游学，参师访道。后因天气原因，受阻在地藏院（位于今福州市郊），得罗汉桂琛禅师点化，又随其前往漳州罗汉院。追随桂琛禅师多年后，文益终疑惑消释成一代宗师。桂琛禅师示寂后，文益禅师便驻锡卓庵（位于今福州闽侯甘蔗街道）；后唐清泰二年（935），文益受抚州州府的邀请，在崇寿寺升堂开讲。南唐李昇奉文益为上宾，文益曾两次赴金陵（今南京），先后住持报恩寺、清凉寺并说法接引僧俗。五代时金陵相对安定，文益的禅法得到大范围传播，李昪赐号"净慧"。文益禅师至七十四岁示寂，藏葬于江宁县无相塔。南唐中主李璟赐谥号"大法眼禅师"，后重谥"大智藏大导师"，后世称文益禅师开创的一脉为"法眼宗"。文益的禅法标榜"以眼为先"。他认为万物唯识，认识外界万物者为眼睛。他曾作《三界唯心》歌："三界唯心，万法唯识。唯识唯心，眼声耳色。色不到耳，声何触眼。眼色耳声，万法成办。万法非缘，岂观如幻。大地山河，谁坚谁变。"虽然是在说心，实际上是说眼对识的重要作用。文益还有《宗门十规论》，指揭禅宗内部的弊病，以"三界唯心造""万法唯识"为指导思想，取华严宗"六相圆融"的理论论证万物"同异具济，理事不差"。他把禅宗的禅修方法总结为"对病施药，相身裁缝，随其器量，扫除情解"，表现出禅教融合的特点。由于文益熟习儒家经典，法眼宗的日常教学中的某些说法与儒家较为投契，也使其某些观点得到朱熹的赞赏。文益禅师门人众多，嗣法弟子六十三人，以德韶、慧炬、文遂等十四人最胜。高丽僧人亦曾慕名前来参访，得其法者三十六人，法眼宗后来传播到朝鲜催生朝鲜佛教的一支重要派别。文益还著有《金陵清凉院文益禅师语录》，其所写重要诗文皆被收入《全唐诗》。

禅宗语录《五灯会元》

（六）历史遗存与文物

　　崇圣寺现存的历史遗存有自然景观也有古建与文物，还有一些艺术品和佛教藏书，种类丰富。自然景观如寺门前的两株古栝，传说是雪峰义存禅师与王审知两人亲手栽种。雪峰寺周围风景秀丽，素有二十四景之说，如唐代文殊台，是位于银山顶峰的一间石室，纳入雪峰寺二十四胜景之一，相传义存禅师曾在此修行。石室里有三尊佛像，中间为骑狮文殊菩萨，左右两边分别是文武弟子造像，这三尊雕像是花岗岩质地，外形古朴大方，保存较好。除雕像外，更值得留心的是文殊台左侧的观景石台，站上石台，则可领会"会当凌绝顶，一览众山小"之感。此外，还有一洞天、无字碑、万松关、雪峤路、龙眠坊、古镜台、金鳌桥、罗汉岩、梯云岭、象骨峰、磨香石、放生池、蘸月池、望洲亭、卓锡泉等总计二十四景。这些自然景观分布范围广，有人以这二十四景作了一首诗：

> 雪峰宝刹近蓝田，枯木三毬一洞天。
>
> 半岭化成无字石，万松雪峤有龙眠。
>
> 文殊石镜金鳌畔，罗汉梯云象骨巅。
>
> 香石放生池蘸月，望洲卓锡应潮泉。

　　雪峰寺，历史上屡经兴废，目前建筑大多为清光绪年间中兴雪峰寺的达本禅师所建。主要建筑物有山门、大雄宝殿、天王殿、钟鼓楼、法堂、禅堂、客堂、藏经阁、方丈室、凯森塔院。

　　大雄宝殿内有来自缅甸的三世如来玉佛。寺内还保存有古老经书、佛门法器、名人书画、脱胎漆器、木雕、玉雕、陶瓷等文物，其中包含义存祖师的开山玉印、高僧刺血佛经、印度传来用梵文书写的贝叶经。其中值得一提的有《频迦藏》《碛砂藏》等珍贵经典。雪峰寺还有一种佛教植物——地涌金莲，这是一种少见的芭蕉科象腿蕉，属多年生草本花卉，又叫"千瓣莲花"，云南、四川皆有分布，为寺院常规种植的五树六花之一。地涌金莲在每年的初春时开花，花期长达半年左右。地涌金莲在文学作品中还是善良的化身和惩罚罪恶的象征，带有典雅、高贵、纯洁、神圣的美好寓意。雪峰寺的地涌金莲多分布在法堂周围或禅房边。按佛经的说法，佛陀讲经讲到高深稀有之处时，便会"天花乱坠，地涌金莲"。金莲也常与成就圣果的人相结合，如《悲华经》中说道："世尊！我成阿耨多罗三藐三菩提，随所至方举下足处，即有千叶金莲华生，其华微妙有大光明，我当遣至无佛之处称赞我名。"雪峰寺的景观植物，除了金莲外，还有牡丹，牡丹园在大雄宝殿左侧，从吉祥门进入后经过百余米，便能看见。牡丹园建于一九九七年，现有牡丹三万七千多株，二百六十多个品种，许多牡丹都是从河南、山东等地引进栽培种植的，每年清明和五一各开一次，花开时各显芳华，争奇斗艳，美不胜收。

地涌金莲

（七）义存与闽王王审知

义存禅师与闽王王审知交情深厚。从史料看，王审知的大力支持是雪峰寺得以创建的重要因素。《雪峰志》载："（王审知）初舍钱二十万，创横屋二十间，次舍钱三十万，创造法堂廊庑方丈等宇。至是复请真觉大师及玄沙，入府内论佛心印……审知令内尚书三人隔帐录其法语，乃请诸佛龙天证明，为审知传佛心印。于是复舍钱四十万，鼎建大殿，堂宇千余间，莫不大备"，"执权霸位，响师道化"。光建雪峰寺，王审知就耗资九十万钱，《宋高僧传》载："凡斋僧构刹，必请问焉。为之增宇、设像、铸钟，以严其山，优施以充其众。时则迎而馆之于府之东西甲第。每将俨油幢、聆法论，未尝不移时……戊辰年春三月示疾，闽王走医，医至粒药以授……"王审知大力支持义存禅师，《佛祖统纪》的说法是"事以师礼"，《雪峰志》的说法是："问莫不备师"。王审知对义存及雪峰寺的支持早已超出政治层面，他对义存禅师可谓极为敬仰。鼓山涌泉寺重建时，王审知封义存弟子神晏为国师，更加突出其对雪峰系僧人的重视程度。

（八）文人墨客与雪峰情缘

历史上也有许多名人留下与雪峰禅寺相关的诗文，下面选取有代表性的进行介绍。

游雪峰 ①

雪峰峰顶寺，来此定诗盟。

山瀑分云影，松风乱雨声。

---

① 作者戴昺（生卒年不详），宋台州黄岩人，字景明，号东野。戴复古从孙。宁宗嘉定十三年（1220）进士。理宗嘉熙间授赣州法曹参军。少工吟咏。有《东野农歌集》。

眼明春树绿，心醒晓钟清。

未好言归去，尘中事又生。

温泉二绝（其一）①

温冷泉源各自流，天教施浴雪峰陬。　②

③　众生尘垢何时尽，汩汩人间几度秋。

憩雪峰寺三首　④

⑤　障日太峻嶒，炎天散郁蒸。

峰寒犹带雪，径仄半垂落。　⑥

卧病君恩隔，安禅世态憎。　⑦

留连不能去，觉路尚可乘。

⑧　招提开宝地，振锡自何年。　⑨

⑩　绡柱围苍藓，虚廊响瀑泉。

---

① 作者李纲（1083—1140），字伯纪，号梁溪先生，常州无锡人，祖籍福建邵武。两宋之际抗金名臣，民族英雄。著有《梁溪先生文集》《梁溪词》。

② 施浴：洗。峰陬：山的角落。

③ 尘垢：佛教认为凡夫被贪嗔痴等妄想所障碍。

④ 作者叶向高（1559—1627），字进卿，号台山，晚号福庐山人，福州府福清（今福建福清市）人。明朝大臣、政治家，万历、天启年间两度出任内阁辅臣。

⑤ 峻嶒：形容山势高峻。

⑥ 径仄：或称仄径，意思是狭窄的小路。

⑦ 安禅：佛教语，指静坐入定。

⑧ 招提：译曰"四方"，谓四方之僧为招提僧，四方僧之施物为招提僧物，四方僧之住处为招提僧坊。

⑨ 振锡：谓僧人持锡出行。

⑩ 绡柱：用丝围绕的柱子。

① 布金人已去，说法事空传。

　　辛苦催租吏，豪门半寺田。

② 存公振宗教，遁迹到兹山。

③ 枯木犹存钵，经年只闭关。

　　斯人不可作，流水自潺潺。

　　一脱微名累，超然心境闲。

枯木庵　④

枯木千年有故庵，美材那复识楩柟。　⑤

盘时已得归根所，虚处真成入定龛。　⑥

非色非空沾雨露，不生不灭饱烟岚。

由来神物山灵护，岱顶秦松也自惭。

总咏雪峰二十四景　⑦

⑧ 雪峰灵迹二十四，世界浪传万百千。

---

① 金人：指佛，佛教早期初传中土的时候被称为金人。

② 存公：雪峰义存。宗教：指佛教。

③ 枯木：指雪峰最早的修行场所枯木庵。

④ 作者徐㮣（1563—1639），明代末期闽县（今福州）著名的藏书家、文学家、目录学家，字惟起、兴公，别号三山老叟、天竿山人、竹窗病叟、笔耕惰农、筠雪道人、绿玉斋主人。

⑤ 楩柟：又叫楩楠，指黄楩木与楠木，皆大木。

⑥ 入定：佛教的修行方法。龛：供奉神位、佛像等的小阁子。

⑦ 作者陈省（1529—1612）：字孔震，初号约斋，更号幼溪，长乐县古槐人。明嘉靖三十八年（1559）进士，授浙江金华府推官，平反冤狱，安抚饥民、矿盗，颇有政绩。所著多佚，仅《幼溪集》传世。

⑧ 二十四：指二十四景。

① 卓锡何年开鹫岭，灵源今见应潮泉。②

③ 蓝田庄种文卿玉，枯木庵留真觉诠。④

⑤ 堂上三毬浮紫气，云间一洞出青莲。⑥

⑦ 文殊古镜金鳌畔，罗汉梯云象骨巅。⑧

宝所望洲香石迥，放生蘸月佛光圆。⑨

化城不属乾坤老，雪峤宁消日月边。⑩

⑪ 半岭溪傍无字碣，万松关里有龙眠。⑫

如来真际应收尽，何事西方应梵天。⑬

（九）法脉传播与海外交流

《雪峰真觉大师碑铭》载，提到义存分灯弟子与南少林的关系："庶

---

① 卓锡：指卓锡泉，雪峰山奇景之一。鹫岭：山名，以其山形似于鹫鸟，故以名焉。中为精舍，佛居此而说法也。

② 灵源：指隐者所居、远离尘世之地。应潮泉：雪峰山奇胜之一。唐义存禅师成道之遗迹。

③ 蓝田庄：雪峰山奇景之一。

④ 枯木庵：雪峰山奇景之一。

⑤ 三毬：指三毬坛，雪峰山奇景之一。

⑥ 一洞：指一洞天，雪峰山奇景之一。

⑦ 文殊：指文殊台，雪峰山奇景之一。文殊，佛家四大菩萨之一。古镜：指古镜台，雪峰山奇景之一。金鳌：指金鳌桥，雪峰山奇景之一。

⑧ 罗汉：指罗汉台，雪峰山奇景之一。象骨：指象骨峰，雪峰山奇景之一。

⑨ 蘸月：指蘸月池，雪峰山奇景之一。

⑩ 雪峤：指雪峤路，雪峰山奇景之一。

⑪ 半岭溪：雪峰山奇景之一。无字：指无字碑，雪峰山奇景之一。

⑫ 万松关：雪峰山奇景之一。

⑬ 梵天：佛教认为是三界内诸天的天主，在婆罗门中被认作是最高神。

几者若干人，其一号师备，拥徒于玄沙；其二号可休，拥徒于越州洞岩；其三号智孚，拥徒于信州鹅湖；其四号慧棱，拥徒于泉州招庆；其五号神晏，今府之鼓山也。分灯之道，皆膺圣奖，赐紫袈裟。"碑文写道，黄韬作此碑系受托"玄沙宗一大师、招庆元晗大师、鼓山定慧大师"。义存继承青原行思一系下的曹洞宗，在闽地又分灯于泉州招庆寺和福州涌泉寺。碑中对"膺圣奖，赐紫袈裟"大为赞赏。说此分灯之道，在南少林和曹洞宗一系中引发很大反响，称"自少林之逮曹溪，无不可碑而纪颂"，这就说明南少林在闽的根据地一个在泉州，一个在福州，分别位于两个寺院中。雪峰义存禅师是佛教史上禅宗的著名高僧，开创云门宗的文偃和开创法眼宗的文益皆出自其门下，致使其声名远播。法眼文益的再传弟子永明延寿禅师（904—975），在当时也是禅门巨擘，名震四方，当时高丽国王就曾派由三十六人组成的僧团来向延寿禅师学习，由此法眼宗传入朝鲜。雪峰寺第十六代住持真歇清了的三传弟子如净，于宋宝庆三年（1227），传法于日本僧人道元，其回国后在日本创立曹洞宗。可见雪峰禅系的对外交流在很早就已经展开。改革开放后，新加坡、马来西亚等东南亚地区的僧人远渡重洋前来求法并在所在地创立寺院。日本安福寺，新加坡的东莲小筑、圣泉寺等，马来西亚的一些小寺，都是雪峰寺的廨院。在雪峰寺出家的弟子中也多有赴海外弘法的，如千呆性安，十七岁在雪峰寺出家，后来随师即非如一前往日本建寺弘法。雪峰寺通过佛法串起海外侨胞的血脉情缘。

（十）传说故事

《雪峰志》载，明永乐中，三宝太监自南洋携来瓦塔两座，安置雪峰寺前，塔早已不存，遗址仍在。明徐惟起编撰《雪峰志》中"纪创立"

载："永乐九年辛卯，镇守太监冯让舍财，住持洁庵禅师重创佛殿、法堂、山门诸处，闽中诸大刹，雪峰首称……殿前瓦塔二座，永乐中三宝太监自西洋携来置此。"

潘群教授在明朝遗民查继佐的《罪惟录》中发现《建文逸记》中说："建文帝携一子至浦江郑氏家，后又纳一妾，生四子……走住福州雷峰寺。三保下洋过之，泣拜于地，为之摩足，帝微嘱三保举事，泣对不能，别去。"此处"雷峰寺"，有专家指出应为雪峰寺。礼部尚书胡濙受命专访建文帝踪迹。永乐十七年（1419）冬，胡濙奉使闽粤期间，登览雪峰之胜，留下长篇题咏：

永乐十七年冬，予奉使闽粤，登览雪峰之胜。适值住持远芷号秋崖，开凿新径，转祸隘为弘深，由万工池以达山门，浚池建桥，撤旧更新，规模壮观。经始之时，予适至寺，众僧欢跃以改作吉祥之应。予亦喜其山林清蔓，因留信宿，芷公乃从容谓曰：兹山来自武夷，延衰联络历数百里，以至于此，乃巍然高耸，峭拔层空。盖闽地多燠，冬罕霜雪，惟兹山势接刚风气候，侔于中土，冬常积雪，故名雪峰。唐真觉祖师驻住泉州大开元寺洁庵映禅师来主斯席。师姓洪氏，名正映，号洁庵，世居江右之金溪，自幼托迹沙门，不茹荤膻锡于此，创建梵宫，历年既久，屡兴屡废。今圣天子兴崇佛教，凡名山古迹皆茸而新之，僧录以雪峰名刹，非戒行老成者不足以当兴复之任，乃于永乐二年询谋佥请以前钦选，受具足戒于杭之昭庆寺，得法于灵谷巽中禅师。远芷亦江右临川人，因得随侍。嗣法分茸，玄沙师登山之日，殿堂门庑俱为瓦砾荆榛。师即慨然感叹，奋志兴复，誓不下山。寒暑一衲，胁不沾席，是故八闽崇敬，四众皈依。积粮于廪，伐木于山，陶瓦甓而储器用。越五年佛殿成，又明年法堂三门同日创建。弘硕雄伟，视旧有加，肖像端严，金碧辉焕。于以上祝圣寿，下祈民福，功德之大，不可思议。一旦师谕远芷曰：汝兴复玄沙，功业巳竟，兹山创置，大体固具，然廊庑僧堂尚未周完，予年巳衰迈，欲归老灵谷，非汝不足以继吾志，遂移檄僧录，于永乐十六年以远芷升代师任。夙夜惟谨，犹不敢忘其付嘱，凡所未备者，悉为成之。复按兹寺创始于真觉，其示寂之际，预留谶云：石塔卯爆，杉枝拂地，（大岁）竹笋生，五百年后，吾当再来。至洁庵登山适五百二年，诸谶俱验，如合符节，况师颜貌又与真觉无异，故人咸以师为再来之真觉也。此固不可以无记，愿赐一言，勒诸贞珉，用垂不朽。予惟佛氏之兴，肇迹巳远，其教以持戒守律为初地，以明心见性为实际。学其学者，劳形苦志，困悴山林，宴坐默存，求底于常乐常住不生不灭之域，又何兴于寺之轮奂焉？然像教之设，大众瞻仰，人心之感，先乎目之所见。观殿宇之巍峨，像设之严肃，则敬心悚然而生，敬心生则万善由是而积。自汉以来，教日益滋，寺日益盛。至于唐宋间，有摧沮排抑欲废其教者，诚以盈虚消息，皆系乎数，有形则有数，惟法无形，固不囿乎数，佛与僧寺皆有形者，岂免于数乎？姑以此寺言之，自真觉至于正映才五百余年，兴废不知其几，至是果应谶，而大兴者岂非真觉能知乎数，而预为张本乎？自小千世界至三千大千世界，乃至无量无数微尘刹土，皆始于成而终于空。终则复始，展转循环，无有穷巳。一切有为之法，亦复如是，而有无始成无住无坏无空者存。试观乎寺，今既成矣，而汝又住其中矣，其坏其空，宁保于后日乎？虽然诚能尽汝今日成住之责，必坚必确，使无速朽。吾为汝记，俾汝后之法嗣厥子若孙。因吾之言思绍汝志，继而茸之，使不致于屡坏屡空，是亦汝与汝师常住乎中也。芷曰唯唯，遂书以为记。

是否透露建文帝的行踪，读者可自行思考。除了建文帝藏于雪峰寺的传说外，还有施舍功德主的传说。据传这位施舍家宅给义存禅师建造寺院的功德主便是蓝文卿。蓝文卿字汝弼，是唐时居于闽侯、古田、闽清交界处"象骨山"一带的畲族富豪。《古田县志》载，"豪迈富家资"，拥有良田万顷，屋舍百余间，机缘巧合下将全部家业捐出用于建造雪峰寺。蓝文卿捐寺的记载，不见于较早之前的史料中，《宋高僧传》《八闽通志》《古田县志》《三山志》等虽有关于义存建寺的记载，却未提及蓝文卿舍宅的事情。直到明万历四十年（1612），《闽都记》出现并记载："唐乾符间，僧义存者至武陵，传法于五祖德山，还闽居芙蓉山石室，其徒犹集于是，得象骨峰里人谢仿辈诛茅为庵，于凉映台北迎存来住……其徒益盛，至无所容，乃去庵三百步经营建寺。里人蓝文卿舍田七千余亩，房室五百间，诸物称是，遂为南方丛林第一，赐号真觉。"万历四十一年（1613），福州知府喻政修撰写《福州府志》，提及雪峰寺："久之，其徒益盛，无所容。时长者蓝文卿施田七千余亩，乃建寺。"这是方志首次收载此事。上述《闽都记》和万历癸丑《福州府志》所记，说的是义存、行实等建庵在前，蓝文卿施田宅在后。到《徐氏笔精》载："唐咸通十一年，见四方云衲奔辏，难安广众。将所居屋宇三百余间，米仓十二间，庄田二十所，水牛三百六十头，诸庄田地各立契书分明，岁收米一万一百石尽舍。"这样一来，变成义存建寺一开始就得到蓝文卿舍的田宅。《雪峰志》中有蓝文卿的《舍田为梵宇遗嘱》："唐懿宗咸通十一年庚寅三月十一日，真觉见状报相见，文卿相见毕，问：'何处僧？'真觉启复云：'某系泉州人氏，俗姓曾，剃发于莆田玉寺磵寺，出家得度。遇会昌沙汰，复到本州芙蓉山，礼宏照训禅师祝发。遂往幽州，受戒参学，授法于德山宣鉴禅师。但某特来求一庵基……'辛卯岁十月，又遣男应潮再舍田庄……蓝应潮、弟应辰共将本业净入雪峰常住。"文中明确提到义存到此欲寻址建寺，提及蓝文卿舍宅。这一故事也一直在畲族中流传。

【小百科】

传灯录：指记载禅宗历代传法机缘之著作。灯或传灯，意谓以法传人，如灯火相传，辗转不绝。灯录之作，萌芽于南北朝，正式之灯录出现于禅宗成立以后，经历代辗转相续，至宋代达于极盛，此后，元明清各代继承传统，灯录之作，续而不绝，是记载禅宗祖师日常言行和公安的重要参考资料。

会昌法难：即会昌毁佛，唐武宗李炎在位期间，推行一系列"灭佛"政策，提高僧尼出家的门槛；减少全国寺院的数量，关闭大批寺院等，以会昌五年（845）四月颁布的敕令为高峰，对佛教产生严重的打击，寺院佛像被毁，僧人还俗或四处避难。

荼毗：多指僧人去世后的火化。

梵夹装：这种装帧形式源于印度，伴随着贝叶经出现而产生。对贝叶经进行修整、防腐、边缘修建等种种处理措施后装订成册，在固定的位置打孔，用绳子穿孔，方便僧人携带和查阅。书写的内容一般从上到下，从左到右。

贝叶经：在中国造纸技术还没有传到印度之前，印度没有可以用来记载的工具，故以树叶代替纸张。印度人用贝树叶子书写东西，后来又用来记录佛经，故以贝叶记载佛经内容的文献又称"贝叶经"。玄奘西天取经回来，带回来的六七百部佛经就是贝叶经，现仍保存在慈恩寺的大雁塔中。

碛砂藏：碛砂藏是南宋时期私人刊刻的大藏经，从宋到元，经历一百零七年才完成。之所以名为"碛砂"，是因为其刻板雕印的地方是碛砂延寿寺，寺院位于苏州澄湖边上。寺院始建于梁，距今有一千五百多年。碛砂藏全藏按"千字文"编号，始于"天"字，终于"终"字。这是中国目录学史上首次采用"千字文"进行编号，足见佛经目录学对中国目录学影响之深。此藏共有五百九十一函，收录各种佛教典籍一千五百三十二部，共计六千三百六十二卷。装裱是采用"梵夹装"，又称"经折装"。碛砂藏是佛教大藏经刊刻史上较早出现的一部，是现存大藏经中较早加入扉画 ① 的。民国时期，在陕西开元寺（今西安开元商城）及卧龙寺发现不完整的该藏，山西太原的崇圣寺也发现此全藏。

频伽藏： 全称"频伽精舍校刊大藏经"。其名字由来于在上海频伽精舍铅印。发起人为频伽精舍的主人罗迦陵，主持者为镇江金山寺宗仰上人。《频迦藏经》刊刻于清宣统三年（1911）至民国九年（1920），由于刊刻时间较晚，所以几乎利用了历代所有藏经所包含的内容，收集一千九百一十六部，四百一十四册，八千四百一十六卷，共计四十函。《频伽大藏经》以日《弘教藏》为底本，参校《径山藏》《龙藏》及单行刻本，按三藏、密藏、杂藏进行分类，在总目之各次主题上，附"高丽藏""资福藏""普宁藏""嘉兴藏""龙藏"等前朝撰修的五种藏经的千字文编号，方便使用的人检索。同时，这部藏经还有一个特点，对所收佛经进行标点，是我国众多大藏经中唯一有句读的大藏经。

---

① 扉画指每部经的开头都有释迦牟尼说法图。

五、瑞峰林阳寺

　　林阳寺位于福州市北峰区瑞峰山麓，是福州五大丛林之一，距今已有千余年历史，初建时名为"林洋院"。"林"指这一带山林繁茂，"洋"在福州方言里多指较为平坦的地方。北峰山区叫林洋的地名有多个，但以其命名的寺院却不多。《三山志》载，"怀安县遵化里瑞峰林洋院，长兴二年置"，又"大林洋院，施化里，晋天福元年置"《闽都记》载："后晋天福元年创。"故有人认为此寺建于长兴二年（931），创于天福元年（936）。从文字记载上来看，分属两处地方，更有可能是当时先后有两座同名的寺院，明代万历年间修复一座，即现在的林阳寺。从地理位置来看，遵化里的林洋院应是现在的林阳院。寺院的山门大墙临湖而建，门柱上还写有两副对联"林峰满瑞气青山不老，阳光照大地绿水长流""一切诸苦皆消灭，百福妙相具庄严"。

山门

（一）历史沿革

最初，雪峰系弟子志瑞禅师在此弘法，历经多代，寺院到明代时遂荒废，万历四十年（1612），僧人大渊重建佛堂。康熙十二年（1673）重修，乾隆时又续修，天王殿、大雄宝殿、藏经楼、钟鼓楼、祖师殿等二十多座殿宇由鼓山涌泉寺的住持古月禅师带领众人募捐修建，依照涌泉寺的大体建筑格局。除主要殿宇外，寺内外另有隐山塔、和尚塔、报恩塔等多处古迹。古月禅师示寂后，其弟子禅悦、净然接替主持。一九三一年，圆瑛法师接任住持，之后由宝松接任，紧接着是海济。一九四九年以后，寺院各项事业日渐起色，主张"农禅并重，自力更生"的传统。一九五七年，请新加坡龙华寺慧观法师担任住持，在其带领下四处募捐，新盖大悲楼。"文革"中，寺院遭到损坏。直到一九八一年寺院重新开放，随后寺僧在原有的基础上建设寺院，增其雄伟壮观。一九八三年，被认定为中国汉族地区佛教全国重点寺院。一九八〇年起，林阳寺原住持广贤法师在国外募款，对林阳寺进行整修，重塑佛像，修葺殿宇。中国佛教协会前会长赵朴初也曾亲临古寺，为寺院题写"林阳禅寺"匾额。现任方丈为广贤法师弟子修达法师。

（二）梅花幽深藏古寺

梅花让人联想到王安石的诗"墙角数枝梅，凌寒独自开。遥知不是雪，为有暗香来"。在福州赏梅，林阳寺是绝佳的观赏地点。每到一二月份，林阳寺的梅花便纷纷傲寒怒放，各色梅花争奇斗艳，吸引众多游客。在古寺中听梵呗唱诵，钟声深沉浑厚，再看梅花，别有一番风味。客堂背后更是有一红一白的两株千年古梅，枝繁叶茂相伴矗立在寺中，见证寺院千年的历史变迁。白梅香味清雅，红梅香味浓郁，每年冬末或春初时节灿烂绽放，暗香涌动，各有特点，可谓寺院一宝。

梅园

（三）古月塔院与三塔

古月禅师（1843—1919），清末民初时鼓山高僧。俗姓朱，名救官，字圆明，号降龙，法号古月，闽清县人。少年时便乐善好施、聪颖过人，曾学习缝纫制衣的技能。古月禅师在二十二岁时决意出家，将欠其债务之人招揽集中起来，当众焚毁债券，将其积蓄全部捐赠给亲友，以示与前尘往事羁绊彻底割离。随后前往鼓山出家，一心向道。出家后，古月禅师持戒精研，衣破不补，饭粗不嫌，致力于参禅打坐，常在鼓山白云洞等偏僻之洞穴处静修，神异颇多。清同治五年（1866），虚云禅师刚出家不久，年仅二十七岁的虚云和尚曾向古月禅师请教，深受其影响。《虚云和尚年谱》记载："时山中有古月禅师，为众中苦行第一。时与深谈。既而自思……古德苦行有如此者，我何人斯，敢弗效法？乃辞去职事，尽散衣物，仅一衲、一裤、一履、一蓑衣、一蒲团，复向后山中作岩洞生活。"虚云禅师后来还作诗追忆："卅载他乡客，一筇故国春。寒烟笼细雨，疏竹伴幽人。乍见疑为梦，谈深觉倍亲。可堪良夜月，絮絮话前因。"足见虚云禅师对其修行和道德的敬佩之情。

古月禅师历任涌泉寺、林阳寺、崇福寺等五大丛林的住持，在祖庭复兴与重修上做出重大贡献。民国八年（1919）古月禅师圆寂，其灵骨分为三份，分别安葬于鼓山涌泉寺、崇福寺和林阳寺，起塔纪念，以示古月禅师对寺院的贡献，令后学能够追忆感念其恩德。林阳寺中的古月禅师塔为窣堵波式石构塔，高一米八，单层六边形须弥座，周围只有圭角文饰，其余皆无雕刻。塔身正面镶嵌一石碑，刻有隶书"古月和尚塔"，塔前有一石供桌，塔后墙壁上挂有古月禅师的遗照。塔院中除了藏骨塔外，还陈列着法师的生平事迹概要和生前使用的物品。

古月禅师

距寺百余米处有一座隐山塔，塔碑阴刻有"隐山，永定辛巳四月小师行津等立"字样。可历史上并无"永定辛巳"年号，永定的年号只有三年（557—559），即丁丑、戊寅、己卯。到辛巳已经是天嘉二年（561），所以此处是将"天嘉辛巳"误作"永定辛巳"。当时福州为晋安郡，太守陈宝应叛变，封锁消息，可能是寺中僧人不知陈文帝已登基并改国号为"天嘉"。若古迹属于林阳寺，则寺院肇始时间就要推至南朝天嘉二年（561）以前。据《林洋备乘》所载，南朝时就有僧人在此活动，也可与此塔铭记载相互印证。塔为石构塔，单层，高一米七五，部分台基露出。须弥座有五层，呈八角状，周身有八个角柱，底边有莲花浮雕。塔身呈圆柱形，上端有一块半圆形的花岗岩封顶。除了隐山塔外，寺内还有"和尚塔"和"报恩塔"。据传报恩塔内供奉佛舍利数颗。寺前后还有建于宋庆元三年（1197）的云庵海会墓塔和慧观塔。云庵海会墓塔又称祖师塔，与隐山塔相距四十米左右。塔高二米五，须弥座八角、三层。塔身为圆柱形，周身三米三，上端用一块半圆形的花岗岩封顶。壁龛内嵌一块碑刻，碑刻篆书"云庵海会之塔"。旁边落款"庆元三年丁巳二月日"。壁龛左右沿边分别刻有"大明崇祯己卯腊月吉诞，海蠹重修"，"大清乾隆六月腊月吉诞，住持济嵩同徒大机重修"。云庵海会墓塔始建于宋代，历经明、清两次重修，仍保持宋代的建筑样貌。

（四）历史遗存与文物古迹

林阳寺坐北朝南，占地面积达一万一千平方米，建筑面积达七千七百平方米。大雄宝殿面阔七间，进深八间，整体由穿斗式和抬梁式混合木构铸成。寺中文物丰富，除前面所说的三塔，还有不少文物古迹。如大雄宝殿上的四字匾额由清代帝师陈宝琛所写，字的直径达到四十厘米；殿内悬挂清康熙五年（1666）铸造的大钟，钟的外观上刻有结跏趺坐的五尊佛像。殿内还存有弘一法师题写的"证无上法"匾额。斋堂四根内柱的台基石阴刻有"弟子林十四娘舍""女弟子王十五舍""女弟子郑十七娘舍"等自言，这些台基石都是宋代遗物。法堂位于寺院的最高

梅花

处，其中藏有清雍正年间刻印的数千册佛经。钟楼内有口铸造于康熙年间的大铜钟，民国时由下院神光寺迁来。寺东边有一枫树，高二十余米。另有一棵罗汉松，高约二十米，胸围五米。

天王殿东侧是地藏院，供奉一尊地藏王铜佛。天王殿东侧新建的玉佛堂，供奉从印尼运送回来的玉石卧佛，重达三十六吨，由一整块白玉雕琢而成，为亚洲仅有。玉佛堂和天王殿之间为课堂，课堂中间悬挂着一幅来自日本的观世音绢画，两旁的柱子刻有明代宰相叶向高所写木刻楹联"安知住世君非佛，想是前身我亦僧"。另有一处静心堂，是圆形的竹楼，楼内有一米多高的新疆纯羊脂白玉塔。另有珍宝馆，收藏许多玉石精品，其中有一块几百公斤重的天然大翡翠。距寺几公里又有宋代黄勉斋墓、朱熹讲学处和石牌庵等历史遗迹，还有摩崖石刻，其中有朱熹的"华峰"。寺内外还有许多几百年的古梅、古樟。寺中现有《林洋备乘》和《林阳胜迹概述》两抄本，是收录于该寺的文献著作。林阳寺还藏有一些明刻的善本，如《普贤行愿品》《佛说阿弥陀经》《佛说观无量寿经》《楞严正脉》《金光明最胜王经》，均是宝贵的佛教资料。

（五）文人墨客与林阳寺

林阳寺历史悠久，风景秀丽，吸引了众多文化名家前来游览，如《东越文苑》《闽中考》的作者明代诗人陈鸣鹤；《闽中诗选》《榕荫新检》的作者徐兴公；藏书七万余卷的明代诗人和藏书家，曾任工部郎中、广西布政使的谢肇淛，以及清代盐商巨富魏杰等。他们游林阳寺时均留有诗篇。

梅花

过林洋寺 ①

② 绝磴崎岖雨气凉，桃枝岭外访林洋。 ③

④ 山围法界微基在，路绕平田旧业荒。 ⑤

---

① 作者陈鸣鹤（1550—1628），字汝翔，号泡庵，明福建侯官人。少年时代便淡泊功名，鄙夷科举，专攻诗词歌赋，与徐熥、曹学佺等人结社吟哦，由是诗名大著。有《泡庵诗选》八卷、《东越文苑》六卷及《闽中考》等著作传世。

② 磴：石级。

③ 桃枝岭外：林洋寺在桃枝岭瑞峰之麓。

④ 法界：佛家语。总该万有之称，这里指林洋寺范围。微基：已圮的殿址，残留基石。

⑤ 旧业荒：指寺殿已废，禅林已荒。

① 忍草入帘新卓锡，昙花满地旧开堂。

　　　空堂尽日无人过，卧数千峰到夕阳。

　　虽然林阳寺已经破败，文人雅士还是喜欢来此，明徐熥《过林洋寺》诗云：

　　② 故院犹存旧日名，茅茨重结两三楹。　③

　　④ 鸡碑折断摩无字，鸱瓦颓残踏有声。　⑤

　　　地僻久虚游客到，山荒都属老农耕。

　　⑥ 林间留得迦陵在，飞去飞来吊月明。

　　明朝初年，林阳寺废弛。明末谢肇淛过寺时赋诗一首《过林洋寺》描述了其荒凉景象：

　　　丛林一片掩垂藤，败铁生衣石阙崩；　⑦

　　⑧ 夜雨孤村闻断磬，春畦隔水见归僧。

　　　山荒荆棘无邻近，岭隔桃枝少客登；

　　　寂寞茅茨余四壁，霜风时打佛前灯。

---

　　① 忍草：佛经中说雪山有草，名为忍辱，牛羊食之，则成醍醐。卓：植立。锡：僧人使用的锡杖，出行拿带。卓锡称僧人的居止。

　　② 故院：指林洋寺。

　　③ 茅茨：茅草盖的屋顶，亦指茅屋。

　　④ 鸡碑：石碑。

　　⑤ 鸱瓦：碎瓦。

　　⑥ 迦陵：迦陵频伽之略。鸟名。《楞严经》曰："迦陵仙音，遍十方界。"

　　⑦ 生衣：指物体表面寄生的菌藻类植物。

　　⑧ 磬：寺庙中拜佛时敲打的钵形响器，用铜制成。

清魏杰[①]《游林阳瑞峰寺》这么描写：

> 拨云寻古寺，冒雨访林洋。
>
> 地僻秋何冷，山深夏亦凉。
>
> 秀峰临水口，曲径绕羊肠。
>
> [②]法界钟灵气，万年供梵王。

（六）法门龙象

志端（892—969），五代宋初僧人，福州人，俗姓俞。受业于雪峰义存弟子安国弘韬，在弘韬处得法后，回到林阳院开席弘法。其禅法继承雪峰一系，于学人着眼处入手，如一日有僧问："如何是祖师西来意？"答曰："木马走似烟，石人趁不及。"又问："如何是禅？"答曰："今早旱年去。"宋开宝元年（968），志端预知时至，留下偈言："来年二月二，别汝暂相弃，烧灰散四林，免占檀那地。"由此足见其洒脱的禅风，次年初，当地民众皆来林阳院礼参谒，日常起居问答如常。偈颂所指之日，即长嘘一声，归至方丈室，安坐到亥时，问众人说："世尊灭度是何时节？"众人回答："二月十五日子时。"志端回答："吾今日子时前。"言毕便安然示寂。偈应北宋开宝二年（969），寿七十八岁。

圆瑛（1878—1953），俗姓吴，别号韬光，又号一吼堂主人，福建

---

① 魏杰（1796—1876），字从岩，号拙夫，祖籍福清市东瀚镇文林村，出生于福州，著名诗人、书法家。在鼓山喝水岩、日溪等留有多处石刻，著有《逸园诗钞》两卷。

② 法界：佛家语。总该万有之称，这里指林洋寺范围。钟：聚集。

古田县人，法号宏悟。圆瑛从小便饱读诗书，天资过人。十八岁于福州涌泉寺出家，翌年从妙莲禅师受具足戒。之后又至雪峰寺跟随达本老和尚学习达半年，传其法脉，为曹洞宗第四十六世。二十五岁时行脚四方参访，于二十六岁到达宁波天童寺，礼八指头陀敬安禅师修学禅法。二十九岁，于宁波报恩寺参谒慈运禅师，传为临济宗四十世，法名宏悟。宣统三年（1911），辛亥革命，民国始建，敬安法师为保护寺产，在上海联合十七市政司内辖区省僧侣成立"中华佛教总会"，圆瑛参与其中并被选为总会参议长。民国十八年（1929），圆瑛法师与太虚法师共同发起成立中国佛教会，连续担任主席一职。一九三一年，圆瑛继任福州瑞峰林阳寺方丈。同年以中国佛教会常务主席的名义发表《致日本佛教界人士书》，强烈抗议日本发动"九一八"事变。一九五三年，中国佛教协会成立，圆瑛被推选为第一任会长。圆瑛法师身体力行，为世界和平与佛教内部建设做出巨大贡献。

宝松和尚（1891—1962），俗名陈开熙，祖籍长乐，生于福州。在槟城极乐寺从本忠法师出家。之后回到福建，曾担任雪峰崇圣寺监院和福州林阳寺住持。二十世纪三十年代，他赴南洋地区讲经弘法，还参与当地佛教学社与寺院的建设。一九三五年，回到福州圣泉寺闭关。一九三九年，宝松和尚出关。两年后，福州沦陷，当地民众趁机毁寺占取寺产。一九四一年，宝松应请住持福州开元寺，开始整顿寺务和整修寺院。一九四七年，宝松创办当时号称全国最大规模的佛教医院（福州市人民医院前身）。为了筹集资金修建庙宇，他再次下南洋募捐资金。一九八三年，为了追念宝松和尚，郑真如出资在福州开元寺修建"宝松和尚纪念堂"。之后，郑真如率子郭鹤年等，秉承法师遗志又捐资修建"毗卢藏经阁"。

（七）故事传说

福州某居士的母亲病重，居士步行数十里连夜寻至瑞峰林阳寺，找到古月禅师。禅师曰："天色已晚，居士请留山中一晚，共叙佛缘。天明再作打算。"当晚，居士与禅师在寺中一夜话禅。次日天明，居士下山先行至家，遥见其母在庭院中与内人散步聊天，病态全无。其母说："昨夜古月禅师来到家中，家人引至榻前，共话一刻，即通体愉悦，疾病竟得痊愈！禅师昨夜宿于佛堂，天明斋饭后才离开。"居士大奇，遥望鼓岭而拜，叹为神僧。

（八）近代高僧与海外弘化

近代以来，林阳寺有古月、禅悦、净然、圆瑛、宝松、海济等历任高僧住持，其中更有广贤法师这样往海外弘法者，使声名远播，影响力遍及东南亚一带乃至美国。

自古月弟子净然两次赴南洋各地募捐建寺资金起，林阳寺历任住持便与南洋佛教僧众结下深厚法缘，寺院的修复也得到福建籍华侨的鼎力支持。民国早期，林阳寺僧人中赴南洋弘法者便有净然、凝正、圆瑛、宝松、海济诸人，驻锡所及除了马来西亚槟城，还有新加坡等，时间长达五年之久。圆瑛也应邀出访至东亚诸国讲经弘法，还曾出任过槟城极乐寺方丈。宝松法师在南洋出家，曾任槟城极乐寺监院。本忠法师在极乐寺替一位来自福州的年轻人剃度，此人就是上文所说的宝松法师。由于历史上的法脉关系，在林阳寺近现代以来的重建修复过程中，新加坡龙华寺、双林寺都予以大力支持。广贤法师于二十世纪八十年代又前往美国弘法，在纽约创办福寿寺，门下法席逐渐开枝散叶，如今在美国已有多处道场，如纽约普照寺、芝加哥天龙寺、洛杉矶观音寺、费城开元寺。广贤的嗣法弟子修用还赴新加坡弘法，在广贤法师及其弟子的推动下，林阳寺法脉遍布海内外。比如当时马来亚华侨郭鹤年，是马来亚的华人企业家，福州是其故乡，其母亲郑格如也是虔诚的佛教徒。郭鹤年曾经将其父母的骨灰安置在林阳寺，足见林阳寺在南洋一带的名声。林阳寺在近年来也接待来自海内外诸多地区的教内外人员的参观和访问，积极推动两岸交流与国际文化往来。

【小百科】

农禅并重：属于丛林清规的一种，是寺院僧伽制度。佛教传入中国后，最早的寺院规范由东晋道安创立。唐代百丈怀海禅师作《百丈清规》，倡议僧侣在修道的同时参与农业生产，自食其力，"一日不作，一日不食"。农禅的修学方法，使不少祖师大德在实践中领悟禅法的真谛，《祖堂集》《五灯会元》等著作中就记载很多僧人在农田耕作的内容。通过农田耕作体会到处处是禅的道理。

佛舍利：舍利，又译为实利、设利罗、室利罗等。意译为体、身、身骨等。佛舍利通常指佛遗体火化后的遗骨。据佛教史料记载，佛教历史上有著名的"八王分舍利"，当时古印度的国王皆迎请佛舍利供养。

结跏趺坐：佛教的禅修方法，《大智度论》中说："诸坐中，结跏趺坐最为安稳，不疲极，此是坐禅人坐法。"跏是以足相加的意思，趺是脚背的意思。结跏趺坐就是把双脚安放于双股之上。也就是一般说的盘腿（双盘）。只有单边脚置于股上称为半跏趺坐。

檀那：梵语的音译，施舍、布施。

太虚法师：近代著名高僧，近代佛教复兴、佛教改革的重要推动者。太虚法师提倡"人生佛教"的主张，认为佛教要改变隐遁深山、念佛拜忏的传统，应该发挥大乘佛教自度度他的精神，去饶益有情众生和奉献社会。他倡言"仰止唯佛陀，完成在人格，人圆佛即成，是名真现实"。出版《海潮音》等佛教刊物，发起成立中国佛学会，著有《太虚大师全集》。

六、黄檗山万福寺

黄檗寺是日本"黄檗宗"的祖庭，创建于唐贞元五年（789），至今有一千二百多年的历史，由慧能法嗣正干禅师开创。原名般若堂，后改称建德禅寺、万福寺。黄檗希运禅师任住持时，才以黄檗为山名。其后，南岳一系怡山懒庵、青原一系黄山月轮先后住持过此山。宋、元迭有兴衰。福建黄檗山蔚为禅宗一大丛林，这与圆悟、费隐、隐元祖孙三代的经营扩建分不开。特别是隐元禅师，往来此山二十余年，道风所被，僧俗归心，又应请赴日开创京都宇治新黄檗，更使黄檗的宗风远播东邻，发扬光大。

新建山门

（一）历史沿革

　　万福寺坐落于福清鱼溪镇联华村黄檗山主峰绛节岭山麓，曾是中国禅宗的大丛林，日本黄檗宗认此为祖庭。黄檗山，原名鹫峰，清乾隆《福清县志》载"以山多黄檗而得名"，民间俗称"黄檗山"，素有"有地皆旖旎，无处不烟霞"之名。山中峰峦重叠，雨林繁密，怪石林立，飞瀑激泉，幽深静谧。主体山麓以五岭、七石、十五峰构成，壮丽雄伟，历史上也留下诸多古迹，如虎跑泉、龟石等。唐贞元五年（789），莆田人正干嗣法于六祖慧能，从其参学禅法，学成后返回福建。正干禅师初到黄檗山，见此山清新秀丽，灵气逼人，便决定在此开山建茅，募捐建寺，最初名为般若堂。"般若"是梵文的意译，本义为智慧。如《六祖坛经》中云："菩提般若之智，世人本自有之，只缘心迷，不能自悟，须假大善知识，示导见性。当知愚人智人，佛性本无差别。只缘迷悟不同，所以有愚有智。吾今为说摩诃般若波罗蜜法，使汝等各得智慧。""波罗蜜多"，梵文为"pāramitā"，意译为"到彼岸"。慧能的禅法即以般若为正导教导学众。唐贞元八年（792），正干又在般若堂东面开拓新的院落，自此禅寺初具规模，朝廷亦赐名为建福禅寺，俗称"黄檗寺"。希运禅师来此落发出家，后又参江西百丈山怀海禅师，学成后返回黄檗山。由百丈怀海传希运，希运又传义玄，黄檗山成为临济宗的发源地之一。直到宋朝为止，临济宗风犹胜，进入元朝后，黄檗寺逐渐衰败。明洪武二十三年（1390），寺院得到周心鉴善信的资助重修，于是再度兴盛，香火鼎盛。嘉靖三十四年（1555），福建遭倭寇侵扰，寺院于战乱中毁败。隆庆初（1567—1568），僧人中天发愿重建，入京求取《藏经》，苦等八年无果后圆寂于京城。其徒鉴源兴寿、镜源兴慈又再次入京迎请，他们秉承中天的遗志，驻京六度寒暑，不断请奏上表。其间尤其得到宰相叶向高的帮助，终于得偿所愿，于万历四十二年（1614）秋，神宗赐藏黄檗山，共六百七十八函，紫袈裟三件，此次求藏过程前后时间累计长达十五年。与藏经下赐的同时，黄檗山寺也得赐额"万福禅寺"。崇祯《黄檗寺志》卷一《藏经阁》记录了当时敕书内容：

> 敕谕福建福州府福清县黄檗山万福禅寺住持僧人正圆及僧众人等，朕发诚心，印造佛大藏经，颁施在京及天下名山寺院供奉。经首护敕，已谕其由。尔住持及僧众人等，务要虔洁供安，朝夕礼诵，保安眇躬康乐，宫壶肃清，忏已往愆尤，祈无疆寿福，民安国泰，天下太平。俾四海八方，同归仁慈善教，朕成恭己无为之治道焉。今特差御马监王举，赍请前去彼处供安，各宜仰体知悉。
>
> 钦哉故谕。广运之宝。

崇祯二年（1629），东西客堂建成。黄檗寺僧人前往湖州礼请密云圆悟禅师住持寺院。崇祯六年（1633），费隐通容禅师成为住持，隐元禅师主持西堂。崇祯十年（1637），隐元禅师接任住持。隐元禅师东渡后，门人慧人性沛承其法席。从明代至民国以来，寺院历经兴衰，加之山洪、火灾等自然灾害皆使寺院的建筑、藏经等毁之殆尽。一九四九年后，寺院又几经兴废，在政府支持和善信的捐助下，黄檗寺焕然一新。近年来由曹德旺出资重修祖庭，寺院重辉，黄檗寺现任方丈定明法师着力开辟黄檗文化交流的新篇章，从海外搜集与黄檗文化相关的著作进行点校出版，特别重视黄檗文化的学术研究，每两年举办一次研讨会，创办《黄檗学辑刊》《黄檗学杂志》，出版"国际黄檗禅文化研究丛书"。

（二）黄檗希运

唐代高僧断际希运（？—855），出生于福建福清（今属福州），示寂于唐大中九年（855），因唐宣宗李忱赠其谥号断际，世称断际希运，乃"曹溪六祖之嫡孙，西堂、百丈之法侄"。据史料载，其样貌奇特，额头隆起如圆珠，"音辞朗润，志意冲淡"，"倜傥不羁，人莫轻测"。幼年时于福清黄檗山建福禅寺出家受戒后，行脚各地参学，先上天台，后至上都（今陕西西安）。行脚期间曾遇见一位僧人，两人如同旧识，相谈十分投机，于是相约同行。途中遇见涧水暴涨，据《传灯录》载，这位僧人如履平地般渡河，留希运一人在对岸。后二人彼此分开，希运独自到达京师。在京师时又遇见一老妪，经老妪点化，问答之间，其"玄门顿而荡豁"，老妪启发希运去江西参谒马祖道一禅师，而希运至南昌"道一已逝，瞻礼祖塔时，遇百丈怀海，乃参之"。从此，希运就投入怀海禅师门下，开始着手南岳禅宗一系的参悟，"触类是道，任心为修"，后于百丈门下大悟。希运先后住持过江西宜丰黄檗寺、钟陵龙兴寺，安徽宣城开元寺、泾县宝胜寺等千年道场大刹，在江西万载创光化院、延寿院、崇信寺等院庙。后以宜丰黄檗寺（原洪州高安县鹫峰广唐寺，因思家乡故更名）为根本，坐化终葬，至今墓塔犹存。后又改山名为黄檗，即今江西宜丰黄檗山。

希运在与百丈的对答中说"今日因和尚举，得见马祖大机大用。然不识马祖，若嗣马祖，已后丧我儿孙"，因此得百丈禅师印可。后来，希运回到江西黄檗山授徒传法，一时间"四方学徒，望山而趣，睹相而悟，往来海众常千余人"。其法子中，义玄（？—867）于河北镇州临济院（今河北正定县临济寺）成立临济宗，盛行于世，又传播于日本、朝鲜、越南等地，是迄今最有影响力的禅宗流派。

黄檗禅师生前的讲法记录，由丞相裴休整理，裴休对黄檗禅师非常敬仰，执弟子礼。其主要著作有《黄檗山断际禅师传心法要》《黄檗断际禅师宛陵录》。

（三）临济义玄与临济喝

义玄（？—867），俗姓邢，曹州南华（今山东菏泽）人，聪慧异常，敏于常人，从小便萌发出家的志向。出家受具足戒后，认真研读经律论，先后参访各地禅宗尊宿。《临济慧照禅师语录》中载："幼时聪慧，以孝闻名。出家受具足戒后，便居于讲肆，博探经论，精研戒律。曾叹曰：此济世之医方也，非教外别传之旨。于是四处游方，参访名师，首次参访黄檗禅师会下，次谒见大愚禅师，悟得黄檗佛法。"义玄倾慕希运禅风，投其门下修学。"初在黄檗会中，行业纯一"，当时的首座睦州道明看义玄的修学纯一无杂，是不可多得的人才，便指导其向黄檗阐释请教。义玄在经历了向黄檗三问三打[①]后，便听从黄檗的意见前往江西拜访守芝，受其启发恍然大悟说："原来黄檗佛法无多子。"开悟之后，义玄又回到黄檗门下，进一步印证自己所悟境界。得到印可后便离开，到河北镇州府（今河北省正定县）弘扬禅法，因住在临济院，故得名临济义玄禅师。禅宗里接引学人最著名的两种方式是"德山棒、临济喝"，"临济喝"就来自临济义玄。义玄将自己接引学人的方法归结为三玄、三要、四料简、四宾主。其中最有名的就是"临济四喝"，这种接引学人的方法与义玄自身的开悟经历有关。"喝"的

---

① 临济义玄往参黄檗希运，问："如何是佛法的大意？"话声未了，棒子便落在身上，他问了三次，挨打三次。

最早源头应是马祖道一,百丈怀海曾说:"老僧从前被马大师一喝,直弄得三日耳聋。""喝"的方法,乃是为了激发学人在被"喝"之时当下截断,反观当下的这一念,体悟这一念心。这时的状态便是"一念狂歇,非生亦非灭","前念未生、后念未灭",寻找开悟的可能和体悟佛法的真谛。义玄曾对大众说:"有时一喝如金刚王宝剑,有时一喝如踞地金毛狮子,有时一喝如探竿影草,有时一喝不作一喝用。汝作么生? 僧拟议,师便喝。"临济喝这种接引学人的方式确立了宗风,留下"临济将军""临济金刚王"之名,这种单刀直入、直指心性、大机大用的禅法也为当时的禅僧所推崇和追捧。禅宗众多语录当中,《临济录》是影响最大、流传最广的一部,在禅宗思想史上有重要的地位和价值。唐鹤征在《四家语录序》中说:"六祖以下,分为南岳、青原,而南岳最盛;南岳又分为临济、沩仰,而临济最盛。"铃木大拙称其为"禅宗语录之王",柳田圣山说:"《临济录》表现了禅思想的极致。"

(四)隐元隆琦

隐元隆琦,明万历二十年(1592)生于福建省福清县。父名林德龙,母龚氏。家中兄弟三人,隐元排行第三,原名林曾昺,号子房。六岁时,父亲外出不归,家中每况愈下。隐元本在私塾读书,家中变故翌年辍学,在家帮忙以维持基本生活。万历四十年(1612),二十岁的隐元将母亲为其准备结婚的彩礼钱作为路资前往江浙一带寻找父亲,未果。万历四十二年(1614),隐元前往浙江舟山普陀山,普陀山是观音菩萨的道场,朝礼菩萨过后,见此地庄严清净、风景如画,顿时萌生出家之念。之后隐元便在普陀山的潮音洞充当净人。因老母亲在堂未能尽孝,出家之事作罢。翌年返回故乡,隐元劝母信佛,从此母子二人终日以吃斋念佛为业，无有间断，隐元就这样在母亲身边侍奉到母亲逝世。隐元于天启二年（1622）到黄檗山从鉴源兴寿禅师（？—1625）出家，法号隐元，法名隆琦。这时隐元已三十岁。出家后，隐元四处行脚参学，听经闻教。天启四年（1624），隐元前往金栗山广慧禅寺（今嘉兴市海盐县金栗寺）投临济宗高僧密云圆悟门下参学。

隐元纪念堂

圆悟禅师禅学造诣颇深，是当时教内的禅宗巨匠，声名远播，各地前来参学的僧众有七八百人。隐元在圆悟身边参学，非常刻苦，两年之后的某个冬日，从窗外吹进一阵寒风，隐元顿感凡尘脱落，心地清凉，豁然有悟，从此道业大进。崇祯二年（1629），安居解制后，隐元告别金栗山，任狄秋庵住持。后又被召回金栗山担任知客。

崇祯三年（1630）春，圆悟受邀到福建黄檗山万福寺任住持，隐元便随侍回闽。翌年驻锡狮子岩，大弘禅法。崇祯六年（1633），圆悟弟子费隐通容任黄檗山住持，隐元任"西堂"。费隐祖籍为福清何氏。崇祯十年

（1637），隐元四十五岁，正式成为费隐的入室弟子，是年二月重回狮子岩。他往来黄檗山、狮子岩之间，继续打坐参禅和研究佛理，前后共经过七年，后来隐元受大众邀请担任黄檗山住持。隐元住持寺院期间，致力于伽蓝的兴建。崇祯十三年（1640），重建大雄宝殿，兴建法堂、斋堂、钟鼓楼等大小三十多座殿堂，使黄檗山成为当时规模宏大的十方丛林，四方佛子皆倾慕而来。崇祯十五年（1642）七月，圆悟在天台山通玄寺圆寂，黄檗山的修建已大体完备，隐元遂委寺务于法弟亘信，自己前往通玄寺祭拜圆悟墓塔，探望费隐。次年，隐元重回福州，受邀重兴长乐县龙泉寺。之后再次接受大众邀请，于顺治三年（1646）正月十五再主黄檗法席，重建各殿堂，增置寺产，寺院扩大占地面积增至四百多亩。《黄檗山寺志》卷三称其为"第三代住持佛慈广鉴大光普照隐元隆琦国师"。

（五）日本黄檗宗与中日友好往来

顺治八年（1651），隐元东渡之前，嗣法弟子也懒性圭应日本长崎崇福寺之请东渡日本，无奈途中遭遇风浪死于海难。顺治九年（1652），以日本长崎兴福寺住持逸然性融为首的唐僧和"唐三寺"[①]的一众中、日信徒多次联名邀请隐元禅师赴日弘法。因其师费隐禅师挽留而未成行。不久，逸然等人派人赴闽第二次邀请。隐元认为前往日本弘法是佛弟子的分内之事，在征得费隐禅师的同意后，遂于当年十二月回信给逸然等表示赴日因缘成熟，应允前往。

顺治十一年（1654）五月，隐元在黄檗山向众人辞行，将住持之职掌交给慧门性沛。隐元从黄檗山出发，月余到达厦门，准备从厦门港口

---

① 日本长崎兴福寺、福济寺和崇福寺的统称。

大般若经寄赠纪念碑

出海赴日。当时抗清将领延平郡王郑成功听说隐元东渡弘法，赞赏并出资帮助，同时携带亲朋眷属来参谒隐元。最后，隐元及其弟子乘坐郑成功的军船从厦门港口出发，东渡日本。《海上见闻录定本》载："庚子，永历十四年七月，命兵官张光启往倭国借兵，以船载黄檗寺僧隐元及其徒五十众。"这里的记载与目前一般认为的隐元于顺治十一年（1654）赴日年份相差六年，但隐元乘坐郑成功提供的船东渡日本可以说确定无疑。七月初五晚，隐元一行人抵达长崎。隐元在到达日本后给其师傅费隐通容的复信中说："日本之请，原为懒首座弗果其愿，故再聘于某，似乎子债父还。"隐元此次赴日携带大量佛教经书、字画、艺术雕刻、医药及植物种子等。他从福建带去的扁豆、莲花，至今被称为"隐元豆""黄檗莲"。另外还传去煎茶的方法和素菜的烹饪手法。隐元到达日本后，受到僧俗二众的热烈欢迎，道场一时极盛。隐元同时受邀前往崇福寺、普门寺等地讲经说法，被日本佛教界称为"古佛再来"。一时间，前来拜见、顶礼和皈依的人如潮水。之后的后水尾天皇以及京都的行政首脑板仓重宗等人都皈依隐元禅师。法皇更是授其真空大师、华光大师的称号，其示寂后，法皇特授予他大光普照国师、佛慈广鉴国师、径山首出国师、觉性圆明国师等谥号。隐元禅师在日本名震一时，故乡福建黄檗山的徒众等来信恳求他早日回国维持祖庭，其师费隐亦来信询问回国事项，无奈日本僧众恳切挽留，隐元最终决定效法鉴真，留在日本弘法。日本万治元年（1658），为缓解隐元的怀乡思国之意，德川幕府家族为其在京都附近筹建了一座新寺，命名为黄檗山万福寺。之后，中日僧人交流时，以福建福清的黄檗山万福寺为"古黄檗"，日本建造的为"新黄檗"。

隐元禅师的生平著作，由其门人编纂成书的有四十余种、一百五十多卷，日本学者平久保章搜集了中日现存的隐元全部著作，编成《隐元全集》，共十二册，一九七九年由东京开明书院影印出版发行。这部全集的编纂与出版有重要的意义，不仅为研究黄檗禅在中日的发展与传播提供了宝贵资料，也为一衣带水的两国历史上的文化交流互鉴提供了印证。隐元禅师圆寂后，日本黄檗山万福寺住持一直由中国的僧人担任，如第二任住持是隐元的中国弟子木庵性瑫，原是福建晋江人，后在泉州开元寺出家，也曾在鼓山涌泉寺参学。木庵禅师和即非禅师被誉为隐元座下二"甘露门"，时人有"隐元德，木庵道，即非禅"之称。三人的诗文和书法都非常出色，自成一家，到现在中日两国还珍藏着他们的墨宝。第三代住持慧林是福清人，第四代独湛是莆田人，第五代高泉是福清人，后代也多由中国僧人担任，现已传到五十六代。

日本黄檗宗创宗以来历时三百多年，在日本流传甚广，黄檗宗在日本各地的寺院有一千余座。中日邦交正常化后，日本黄檗宗常率领参访团前来祖庭朝礼，既加深了中日友谊，又加强了日本黄檗宗对于中国黄檗源流的认同感与归属感。由此可见，中日两国佛教徒之间的法缘、亲缘源远流长。

（六）隐元与日本煎茶道

隐元曾与道者超元一起远赴日本传播佛法，对当时日本的禅宗界临济、曹洞二宗的复兴有很大的影响。隐元也是日本禅宗黄檗宗的始祖及煎茶道的始祖。中国历代茶道按种类可以分为三种——煎茶道、点茶道、泡茶道。中国的煎茶起源于西晋,陆羽《茶经》中有详细记载。但后来煎茶的技法在中国不传,日本的煎茶却保留了中国煎茶道的精髓并发扬光大。隐元不仅在日本开创黄檗宗,还带去新的喝茶方式,为日本的茶道文化注入新鲜的元素。隐元去之前,日本的上流阶层流行抹茶道,隐元带去的这种喝茶方法,便捷易学,无论喝茶地点还是喝茶工具,规定都不刻板。抹茶占据茶道的主流,但烦琐的步骤和诸多限制使其并不受欢迎。隐元在日本政治界及宗教界的地位颇高,又有日本天皇赐的封号,他奉行的泡茶法不仅为日本中下层人士推崇,也影响上流人群。煎茶最开始只在商人和文人中流行,到了江户时代后期,武士阶层中流行起煎茶。一九五六年成立的全日本煎茶道联盟尊隐元禅师为始祖,联盟总部理所当然地设在由隐元禅师创建的日本黄檗宗大本山、位于京都宇治的黄檗山万福寺内。

(七)黄檗禅僧的民族气节与家国情怀

黄檗寺法脉的僧人不仅在道业上精进不退,还有宁死不屈的民族气节,《黄檗寺志》记载了一位黄檗寺僧人的事迹:

及广明之际,巢寇充斥,众邀师逃难,师曰:"舍生就死,人之所难。我若蹑窜,贼必穷追山林,宁捐我命以活生灵。"是日,雷雨晦冥,须史贼至。师出寺外,脱衲衣于九龙树下磐石之上,言曰:"誓不污清净之地。"乃安常引颈待刃。贼反问以国事,师曰:"汝辈犬豕矣。见龙头必败,李树下,逢虎狼,遂遭女儿手,奚敢问大事?"贼怒戕师。师神色不易,白乳逆流,迴而复合。贼翻惊异,罗拜忏悔,迎师归山门。弟子景先阇维其尸,收舍利七颗,囊而宝之。有笃信者以菽粒如数易之,追之靡及,追往靡焉。占之曰:"死生贵贱，罔分吾卦，在靡在之，失宁失矣，孰知其然也?"洎获置之于塔，分七粒于玻璃器中，莹然光色。僧清豁著文以纪德焉。

"广明之际"指黄巢领导的起义，历时最长，影响最大。寺志中记载，鸿庥禅师面对冲进寺中的叛军，临危不惧，为了不伤及无辜，他未选择和寺众一起逃跑，甚至呵斥叛军，叛军一怒之下，砍了禅师的头颅，流下白乳。《神僧传》和《高僧传》中记载许多类似事件，血液为白乳的皆为得道高僧。叛军也被禅师流出的异样血液吓到，全部扑倒在地忏悔，将禅师送回山门内由其弟子负责火化，得舍利七颗。南宋以后东渡日本的黄檗僧人也多有故国情怀，仍留薄发，穿汉服，东渡黄檗禅僧中，即非如一禅师是很有代表性的一位，他写了许多诗文表达对故土的思念，如《赠兴福寺逸澄二禅德》：

> 东来兴济道，寿国福黎民。
>
> 拨转法轮手，须还过量人。
>
> 桑天唐日月，梵刹旧吴闽。
>
> 笑指蟠桃树，千枝本一仁。

即非禅师看到来日同胞建造的寺院，就想起身在故乡的时光。《送翁林居士回唐》这样写：

> 众壑松风酿早凉，嘉禾满野闹荷香。
>
> 正当击节歌无象，何事牵云写别章。
>
> 万里海天容我拙，无穷山水任君装。
>
> 送朋因起怀亲念，梦逐归帆到大唐。

这首诗歌是写送朋友回国泛起思乡之情。还有：

> 何日归唐国，天涯共尔曹。
> 上方留夜语，万派酿秋涛。
> 海纳因能下，山名不在高。
> 微雪都敛尽，月好与人劳。

诗中的"上方"指寺院中高处。即非禅师夜晚无法入眠，与寺院的僧人们商量回归国土。

（八）文人墨客与黄檗寺

《黄檗宛陵录》，又名《黄檗断际禅师宛陵录》，唐代宰相裴休编，记载希运驻锡安徽宣州宛陵时与裴休等人的对话开示之语。其中记载：希运禅师与宣宗同游江西庐山观瀑，希运禅师吟诗："穿云透石不辞劳，远看方知出处高。"宣宗也对照吟道："溪涧岂能留得住，终归大海作波涛。"

寺院建筑

这段事迹与《黄檗万福禅寺志》中的记载不一样，寺志将事件发生的地点记为福清黄檗山，希运禅师的两句诗为"千岩万壑不辞劳，远看方知出处高"。宣宗的两句未变。圆悟禅师所撰《碧岩集》中也记载了两句话，与此不同，圆悟认为是宣宗和香严寺僧人智闲聊天时所诵。除上述所列，还有一些名人在此游历，留下不少诗句。选取部分如下：

香茶供养黄檗长老悟公故人之塔并以小诗见意二首　①

② 摆手临行一寄声，故应离合未忘情。

③ 炷香瀹茗知何处，十二峰前海月明。　④

一别人间万事空，他年何处却相逢。

⑤ 不须更话三生石，紫翠参天十二峰。

宿黄檗听彬长老谈禅　⑥

⑦ 一圆灵寂本清真，谁向苍浪更问津。　⑧

⑨ 欲说西来无见处，奈何言句亦前尘。

---

① 作者朱熹（1130—1200），字元晦、仲晦，号晦庵，徽州婺源（今属江西）人，南宋理学家，程朱理学集大成者。悟公：密云圆悟禅师（1566—1642），明末临济宗僧人，曾住持过福州黄檗山万福寺。

② 寄声：托人传语问候。

③ 炷香瀹茗：焚香煮茶。

④ 十二峰：指川、鄂边境巫山的十二座峰。

⑤ 三生石：三生分别代表前生、今生、来生，源于佛教的因果轮回说。

⑥ 作者蔡襄（1012—1067），字君谟，号莆阳居士，仙游人，北宋名臣，书法家、文学家。

⑦ 清真：纯真朴素，真实自然。

⑧ 问津：探寻、洽问。

⑨ 西来：指达摩西来中土，后成为禅宗公案中一机锋。

游黄檗寺 ①

② 天下两黄檗，此中山是真。

碑看前代刻，僧值故乡人。

一宿禅房雨，经时客路尘。

将行更瞻礼，十二祖师身。

游黄檗寺 ③

诸倅约至黄檗因思前岁刘朔斋同宿约后村不至慨然有感

④ 黄檗山前古梵宫，早年屡宿此山中。

猿啼十二峰头月，鹏送三千里外风。

⑤ 日者共游因朔老，期而不至有樗翁。 ⑥

⑦ 骑鲸人去相如病，更欲攀跻孰与同？

同欧阳邑侯游黄檗 ⑧

⑨ 千盘历尽俯平芜，万顷烟波入望孤。

⑩ 竹里布金留慧月，岩前飞瀑放鲛珠。

---

① 作者翁卷（生卒年不详），字续古、灵舒，南宋诗人，乐清（今属浙江）人，与赵师秀、徐照、徐玑并称为"永嘉四灵"。

② 黄檗：一个位于福建福清，一个位于江西宜丰。

③ 作者林希逸（1193—1271），字肃翁，号竹溪，又号鬳斋，福建福清人，南宋理学家，儒学名家。

④ 梵宫：佛寺。

⑤ 日者：从前。

⑥ 樗翁：衰朽的老翁。

⑦ 骑鲸：用作咏月夜或悼亡的典故，后用以比喻隐遁或游仙。

⑧ 作者叶向高。

⑨ 平芜：草木丛生的平原。

⑩ 慧月：指能破除众生烦恼的智慧。

① 中天绛节还临否？玉井仙浆可在无？

惟有青山怜傲骨，不妨终日坐跏趺。 ②

观龙潭记游（之一）

黄檗道场古，乘闲载酒过。

层峦通帝座，悬溜落银河。 ③

路转人踪少，林开爽气多。

生平爱幽绝，对此欲如何？

万历戊申岁仲秋九月，庆云现于黄檗佛座峰，志喜 ④

黄檗灵钟十二峰，卿云俄现翠微中。 ⑤

凝成五彩诸天丽，吐出千章四海红。 ⑥

⑦ 盖影轮囷符汉主，唱名辉焯应韩公。 ⑧

⑨ 遐方快睹祯祥象，为庆明良此日逢。

宿黄檗寺 ⑩

青峰十二削芙蓉，黄檗开山第一宗。

阴洞有灵蟠巨蟒，古潭无际蛰神龙。

---

① 绛节：民间的一种降神仪式。

② 跏趺：佛教中修禅者的坐法。

③ 悬溜：从高处往下流注的小股流水。

④ 作者林大启，太学生。

⑤ 卿云：庆云，一种彩云，古人视为祥瑞。俄现：短暂的出现。翠微：青翠的山色。

⑥ 千章：千株大树，形容大树的数量多。

⑦ 轮囷：屈曲盘绕和硕大的样子。

⑧ 唱名：按名册高声点名。辉焯：光耀。

⑨ 遐方：远方。

⑩ 作者徐㷆。

门通十亩林间竹，路指千年壑底松。　①

②　觅得云房聊借宿，半天残月上方钟。　③

恭迎密云和尚感赋　④

黄檗宗风第一禅，大师飞锡振龙天。

妙云欲覆涅槃海，法雨先滋热恼田。

⑤　直令化城安疲众，不殊祇树礼金仙。　⑥

空余侠骨成追悔，潦倒狂华四十年。

寄赠黄檗隐和尚　⑦

⑧　法乳垂垂第一宗，深山深处白云封。

⑨　慧珠散朗三千界，德泽飞悬十二峰。

⑩　天际花光分法相，岩前潭影落疏钟。

生平檗味尝难尽，不及登临谒瑞容。

---

① 壑：深谷。

② 云房：僧人所居住的房屋。

③ 半天：半空中。上方：天上，上界。

④ 作者陈匡生（生卒年不详），佛教居士。

⑤ 化城：法华经的化城喻。

⑥ 祇树：印度佛陀说法的场所。金仙：指佛。

⑦ 作者钱肃乐（1606—1648），字希声，号止亭，浙江鄞县（今宁波市鄞州区）人，明末官员，抗清英雄。

⑧ 法乳：喻佛法，谓佛法如乳汁哺育众生。

⑨ 三千界："三千大千世界"的简称。

⑩ 法相：佛教语，谓诸法真实之相。

喜隐和尚开堂　①

插草成宫幻几重，<u>翠微环锁碧芙蓉</u>。　②

一灯月印三千界，半偈花飘十二峰。

③　<u>龙象</u>喜开新法眼，<u>风幡</u>长整旧禅宗。　④

不知棒喝吹毛动，若个能当剑刃锋。

重游黄檗　⑤

⑥　濯去衣尘上<u>碧岑</u>，一声清磬廿年心。

⑦　啸吟但肯招<u>元亮</u>，<u>名理</u>谁堪接道林。　⑧

⑨　独为烟霞留<u>器钵</u>，自然山水见高深。

半生细省浮顽在，今日能无托静寻。

游黄檗寺与主僧夜话　⑩

乘春遥入上方游，更喜相逢有惠休。

⑪　云气昼将<u>山色暝</u>，竹风夜带雨声秋。

---

①　作者林春泽（1480—1583），字德敷，号旗峰，侯官（今闽侯县南屿镇）人，享寿一百零四岁，历经六朝，敕授承德郎，赠大司空。

②　翠微：青翠的山色。碧芙蓉：比喻苍翠的山峰。

③　龙象：龙与象，水行中龙力大，陆行中象力大，故佛氏用以喻诸阿罗汉中修行勇猛有最大能力者，也可指高僧。

④　风幡：禅宗风动还是幡动公案。

⑤　作者施宛驹。

⑥　碧岑：青山。

⑦　元亮：晋诗人陶潜字元亮，因不愿为五斗米折腰而归隐。

⑧　名理：名称与道理。

⑨　器钵：佛教僧尼的饭盂。

⑩　作者陈第（1541—1617），字季立，号一斋，晚号温麻山农，福建连江人，曾任游击将军，后投笔从戎，是我国明代著名的音韵学家、藏书家。

⑪　山色暝：天色昏暗。

① 开畬石径迷荒草，说法天花坠小楼。

② 千载维摩今未见，十年空病海东头。

送隐元师赴日本 ③

④ 闻道浮杯过海东，欲将法施振空蒙。 ⑤

风轻引似近三山，龙卧依然一钵中。

⑥ 梵笈开时香雨落，紫衣披处国恩隆。 ⑦

⑧ 明年拟复取黄图，金叶飞来玉节通。

丙戌回山之作 ⑨

一别严寒阅两春，五湖佳景眼中尘。

⑩ 佛恩奚啻丘山重，世事浑无半点真。

⑪ 雪鬓难忘亲敕赐，青山岂昧旧时人。

故园松竹依然在，待得余归翠又新。

---

① 开畬：指松土除草等耕作农业。

② 维摩：维摩诘居士。

③ 作者徐孚远（1599—1665），字闇公，晚号复斋，松江华亭（今上海松江）人，明末诗人。

④ 浮杯：古代每逢三月上旬的巳日集会水渠旁，在上流放置酒杯任其漂浮，停在谁的面前谁即取饮，叫作"浮杯"。海东：指海以东地带，常指日本。

⑤ 空蒙：指迷茫，缥缈的样子和境界。

⑥ 梵笈：装满了佛教书籍的书箱。

⑦ 紫衣：君王相赠的紫色袈裟。

⑧ 黄图：借指畿辅、京都。

⑨ 作者释隐元。

⑩ 奚啻：何止，岂但。

⑪ 敕赐：君主诰命赏赐。

黄檗重兴志喜　①

几年佛火寂寥中，茎草重拈气象雄。

楼阁仍居初祖地，规模丕阐觉皇宫。　②

峰容六六连天碧，潭影三三映日红。

③　难得菩提勤种植，名山千载纪殊功。

谒万福法祖隐元隆琦国师真像　④

⑤　两间间气萃斯身，唐宋元明只一人。

⑥　支那扶桑卅万里，二邦供祀悉王臣。

纪念隐元禅师诞生四百周年　⑦

⑧　鉴真遥望恰成双，先后东瀛建法幢。　⑨

⑩　等视群生殷济度，岂分故土与邻邦。

⑪　一枝挺秀苗扶桑，祖宇辉煌也在望。

四百年间弹指顷，可堪人世几兴亡。

---

① 作者释新经。

② 丕阐：犹言大显。

③ 菩提：指觉悟的境界。

④ 作者释通显。

⑤ 气萃：聚集。

⑥ 支那：古印度对中国的称呼。卅：数词，三十。

⑦ 作者杨贡南，福建省佛教协会顾问。

⑧ 鉴真：唐代高僧，东渡日本后成为日本佛教律宗开山祖师。

⑨ 先后：指鉴真和隐元东渡弘法。法幢：写有佛教经文的长筒形绸伞或刻有佛教经文、佛像等的石柱。

⑩ 济度：以佛法救济众生脱离苦海。

⑪ 扶桑：传说中的东方海域的古国名，我国一般将其作为古代日本的代称。

隐元禅师四百周年诞辰纪念 ①

宏愿悲心闳道穷，佛门师是出群雄。

研将经藏三千卷，踏破云山几万重。

沧海扬帆缘度众，异邦飞锡未忘宗。

根深黄檗连枝茂，馨颂逢辰两地同。

纪念隐元禅师诞生四百周年 ②

凛凛宗风黄檗禅，曹溪一脉见真传。 ③

两邦此日馨香祝，岳降欣逢四百年。 ④

⑤ 漳浦高风冠古今，袈裟和泪助哀吟。

天荒地老谁能识，中有遗民耿耿心。

风涛历尽到东瀛，正朔犹思奉盛明。 ⑥

沧海横流余涕泪，一诗遥寄郑延平。

【小百科】

六祖坛经：中国佛教禅宗典籍，是记录六祖慧能生平和教学的开示集合。它是唯一一部记载僧人的言行被称为经的典籍。此经提倡明心见性、见性成佛。实践方法以"无念为宗、无相为体、无住为本"为理念，对中国文人士大夫有很大的影响。

马祖道一：南岳怀让的弟子，洪州禅的祖师，主张道不用修，即

---

① 作者陈景汉，现代诗人，教育家。

② 作者周书荣，佛教居士，早年曾供职于福建省佛教协会。

③ 曹溪：禅宗南宗别号，以六祖慧能在曹溪宝林寺演法而得名。

④ 岳降：用来称颂诞生或诞辰。

⑤ 漳浦：漳水之滨。

⑥ 正朔：一年中的第一天，即农历正月初一。

平常心是道的修学方式。他提出用顿悟自心的方法代替修行方式读经坐禅，其门下最出名的三位分别是百丈怀海、西堂智藏、南泉普愿，号称洪州门下三大士。

百丈怀海：福州长乐人，俗姓王（一说姓黄），俗名木尊，马祖道一法嗣，与西堂智藏、南泉普愿同入室，时称三大士。早年依潮阳（今广东）西山慧照出家，后从法郎律师受具足戒。曾至庐江（今安徽）浮槎寺阅藏数年，唐大历初年 (766) 听闻马祖在南康（今江西赣县）弘法，便前往亲近参学，遂得之印可。

七、芝山开元寺

福州开元寺坐落于鼓楼区开元路九十五号，始建于南朝梁高祖太清三年（549），巷子口的寺院山门前的石牌匾上写着"萧梁名刹"四个字。开元寺初名灵山寺，因为寺庙建在灵芝山（也叫"灵山"或"芝山"）上。福州有"三山现，三山看不见"之说，灵芝山便是看不见的三山之一。后改名大云，唐初改名龙（隆）兴寺，开元二十三年（735）改今名。寺额"开元寺"传说出自唐代著名书法家欧阳询（又有人认为欧在寺院成名前一百年就已去世，此匾为后人模仿）。寺院最为兴盛的时候，占地东起井大路，西至尚宾路，南达三牧坊，跨龙山和芝山。明代，福州开元寺是皇家祝圣之所，设僧纲司于寺。从大唐盛世到大明永乐盛世，开元寺共出现七位赐紫沙门（惟仲、圆证、慧通、唯坤、樵云等），御封国师。其间，还有日本高僧空海、圆珍来访。会昌五年（845），朝廷颁布敕令削减佛寺数量，一州仅存一所。当时开元寺规模最大，便得到留存。开元寺数度遭受损毁侵占，到清末，建筑规模不及最盛时十分之一。民国时期，寺院遭受飞机轰炸，福州两度沦陷，寺院更加破败不堪。经雪峰寺宝松和尚的努力，寺院残存的殿宇得以幸存。解放后，福州寺院僧众和信徒四处募捐化缘重修铁佛殿，使其成为国内外知名的药师佛道场。民国时，宝松和尚在福州创办了第一所佛教医院，福州市人民医院（福州市中医院）的前身便是开元寺的佛教医院。

（一）空海大师与密宗东传

空海于大历九年（774）生于日本赞岐国（今四国岛东北部的香川县）的后裔佐伯氏之家。空海从小就学习《论语》《孝经》《尚书》《左传》《诗经》等中国古代圣贤之书，但终不能满足，于是发心皈依三宝。后来遇到日本和尚勤操，从其处学得《虚空藏菩萨闻持法》。这部经典是由善无畏翻译的汉文密教经典，善无畏将此法传给道慈，道慈又传给日本勤操，空海与中土的缘分和传承在这时就已经开始。据传空海跟随勤操在太龙山修持达七年，念诵了一百万遍的虚空藏本尊咒，作《三教指归》，以批判儒释道三教的优劣之别，述其佛学宏达志向。他评论老庄之学是神仙小术，孔孟之道是红尘俗务，虽然三教都不违背世俗伦理的忠孝之道，但只有佛教才是真正通往智慧之路，尤以大乘佛教的教法最为上乘。

空海立像

二十三岁时，空海在奈良石渊寺从勤操出家，后又在奈良东大寺受具足戒后，遍阅经论，四方行脚参学，效仿苦行僧。当时已经有许多中国翻译的经典传到日本，他曾经为此在佛像前祈求说："我学习佛法的目的是得到精髓，无奈佛经太多，导致我无法知道哪一部才适合自己。希望佛菩萨们能够指引方向。"当晚空海就做了一个梦，梦中有人指示，《大日经》便是他所求的经典。于是他费尽苦心，终于找到善无畏、一行译的这部经典。他阅读后大为懊恼失落，因为经中的深奥道理和梵语真言他无法理解，询问周边的高僧大德也毫无结果。于是他觉得应该亲自到大唐去学习佛法。

中国和日本是一衣带水的近邻，两国人民之间的友好往来源远流长。大化革新之后，日本新兴的封建统治阶级为了从中国吸取统治及文化经验，每年都派遣遣唐使、留学生、学问僧到中国，从思想文化、规章制度、城市建筑及生活习俗等全方面学习中国，一时在日本刮起"唐风"。当时航海技术落后，派去中国的船只无法抵御风浪，最后抵达的人总是寥寥。面对如此危险的行程，空海不顾他人的劝阻，毅然踏上遣唐之路。

空海入华之前，日本已派出遣唐使十六次之多，不畏艰险，承前启后的先驱也激励着空海的心灵。而在天宝十二年（753），中国高僧鉴真一行顺利东渡日本，直接带去中国的文化和佛法。贞元二十年（804），还是无名小卒的空海，与最澄等人随同第十七批遣唐使藤原葛野麻吕入华求法。船只在海上遭遇大风浪，同行船只被风暴吹得不知所终，空海的船只也不例外。空海乘坐的小船被吹离原来的航线，未能在宁波登陆，而是随风漂至福州长溪（即霞浦赤岸一带），虽然未完成原有的计划，但幸免于难。这时空海随身携带的身份凭证已经遗失，无法证明身份和目的，当地官员不相信他们说的话，他们无法上岸。在这个紧要关头，熟读古书，精通汉字的空海代遣唐使向福建主管官员致信，即《为大使与福州观察使书》，阐明事情来龙去脉，详述了他们此行的目的和路途的凶险，以及最终到达唐土之时"过赤子之得母，越旱苗之遇霖"的喜悦之情：

> 贺能启。高山澹默，禽兽不告劳而投归；深水不言，鱼龙不惮倦而逐赴。故能，西羌梯险，贡垂衣君；南裔航深，献刑厝帝。诚是，明知艰难之望身，然犹忘命德化之远及者也。伏惟大唐圣朝，霜露攸均，皇王宜家。明王继武，圣帝重兴。掩顿九野，牢笼八纮。是以我日本国常见风雨和顺，定知中国有圣，刿巨楢苍岭，摘皇华于丹墀。执蓬莱琛，献昆岳玉。起昔迄今，相续不绝。故今，我国主，顾先祖之贻谋，慕今帝之德化，谨差太政官，右大弁正三品兼行，越前国太守，藤原朝臣贺能等充使，奉献国信别贡等物……

这份真诚感人的上奏书打动了福建观察使阎济美，空海一行人等被批准登岸，并安排护送入住福州开元寺。

空海住在福州开元寺十三轩，与寺僧慧灌结下深厚友谊。这期间，空海还作《灵源深处离合诗》：

> 磴危人难行，石碱兽无升。
> 烛暗迷前后，蜀人不得灯。

所谓离合诗，逐字相拆合，以成诗文，空海此首即是，足见其对汉字研究之深。全诗抒情，借用文字间字形的游戏，通过对文字的离合，表达了对于智慧传承绵延不绝和本人舍身求法的坚定决心。空海本身无官方通关书文，无法入京，他在开元寺又写《请福州观察使入京一首》：

日本国留学沙门空海启。空海，才能不闻，言行无取。但知雪中枕肱，云峰吃菜。逢时乏人，篷留学末。限以廿年，寻以一乘。任重人弱，夙夜惜阴。今承不许随使入京，理须左右，更无所求。虽然居诸不驻，岁不我与，何得厚荷国家之凭，空掷如矢之序。是故叹斯留滞，贪早达京。伏惟中承阁下德简天心，仁普近远。老弱连袂，颂德溢路，男女携手，咏功盈耳。外示俗风，内淳真道。伏愿顾彼弘道，令得入京。然则早寻名德，速遂所志。今不任陋愿之至，敢尘视听，伏深战越。谨奉启以闻。谨启。

　　四个月后，空海终于获得批准来到长安。唐顺宗永贞元年（805），空海住进长安西明寺，在长安广泛参学，四处寻访名师。

　　开元寺灵源阁一侧安放的空海铜像是日本松山市原田龙元出资一万多美元委托南京晨光机器厂铸造的。这尊青铜铸造的空海立像，身着布衣，手握禅杖，脚系草鞋，背负草帽，双目平视，一副风尘仆仆的神态。铜像通高三米五，其中身高两米八，重达一吨八，底座一米一见方，造工十分细腻精致。以此纪念中日之间的友好往来。

（二）开元铁佛之谜

　　"当我们来到开元寺，它正自豪得意地向我们表述，大铁佛是我们的先人掌握高超的冶铸技术的证明——古建筑有着丰富的人文内涵。"习近平总书记在《〈福州古厝〉序》中特别提到大铁佛。唐末五代，闽王王审知统治福建，大力支持佛教发展，开元寺也抓住这一契机，成为福州乃至闽地最大的道场。天祐三年（906），王审知在福州开元寺铸丈六金铜佛像一尊，造丈三鎏金铜质菩萨像一对。铁佛的铸造年代，学界观点不一，一种观点认为是在唐末五代，另一种认为是在北宋元丰时期。

据清代《榕城纪闻》载，顺治十六年（1659）四月初一日，重建铁佛殿，在佛座下发现一座银塔。上题"宋元丰癸亥正月初一日立，刺史刘瑾"，从而推断是北宋。

关于铁佛的铸造，有不少传说，黄滔《丈六金身碑》中记载，王审知梦见西方彩云绽放，一尊大佛坐在中间，对其说"断予一臂，卫之一方"。

于是王审知命属下铸造大佛。铸成后，王审知"礼阅之，乃与梦中一类，其形仪长短、大小，无少差"，"其一臂工以之别铸而会……磨莹雕饰，克尽其妙"，是一尊丈六金身佛。因为西方极乐世界的教主是阿弥陀佛，王审知看见西方彩云中现出一尊佛像，自然塑造成阿弥陀佛，这一定程度上反映唐五代以后净土宗流行的真实情况。

芝山开元寺大铁佛

若从唐末五代的说法来看这尊佛像，开元寺的铁佛螺发肉髻，脸部丰满，是典型的唐代佛像风格。双耳垂肩，手结禅定印，结跏趺坐在莲座上。袈裟衣领略低，衣裙层叠往复。通高五米九二，头径一米四五，莲花座高半米，围长两米一八，总重量约五十二吨。铁佛的结构总共三层，即原始铸造的铁具、表面的涂料层、所贴金箔。铸造主要采用分段铸造，用铁水浇铸，有的地方采用蜡模铸造法、泥模或沙模铸造法。比如前面提到的断臂，结合史料判定可能就是先单独制造，后与大佛合并。铁佛的制造工艺揭示福建古代的铸铁水平之高，这尊最大铁铸阿弥陀佛像，即使在当代也令人叹为观止。清陈云程《闽中摭闻》载，铁佛殿前两侧刻有明末举人曾异所写楹联"古佛由来皆铁汉，凡夫但说是金身"。一九六一年，开元寺铁佛被认定为福州市第一批市级保护文物；一九九一年，被福建省人民政府认定为第三批省级保护文物。

福州民间流传着许多与开元寺铁佛有关的故事，最著名的要数明代文学家冯梦龙在《警世通言》中提到的一件事，文中说有高人与蛟龙大战，蛟龙不敌高人，躲入开元寺井中。于是，寺院的僧人便造佛像置于井上，用于镇压蛟龙。民间传说，陈靖姑大战白蛇精，白蛇精躲入开元寺井中，于是僧人用铁佛镇压。又有人说，开元寺的水井直通东海，之前镇压的蛟龙早已遁走。据传，一九四一年，日军侵占福州时也发现铁佛十分珍贵，曾经想盗取这传世珍品，带回日本。无奈铁佛太大无法搬动而作罢。一九七六年，福州遭遇罕见恶劣天气，冰雹导致市内的许多房屋严重受损，当时唯有铁佛殿顶上的瓦片无损，大家无不啧啧称奇……这些传奇给大铁佛增加了许多神秘色彩。中央电视台《走遍中国》与福建电视台《发现档案》分别以《铁佛之谜》与《铁佛传奇》专题播出有关该铁佛的传奇故事，引起百姓的兴致，使之成为榕城街头巷尾的趣谈。

（三）汉文大藏经的形成与《毗卢藏》的刊刻

佛教起源于印度，佛教经典在印度并没有"大藏经"的称谓，"大藏经"是中国人赋予的名字。一般而言，大藏经指佛教经典的总集，汉文大藏经是一切汉文佛典的总称，既包括汉译的佛教经典，也包括各种注疏与著作。将这些经典搜集和保存起来的事业原先是私人性质，后逐渐转为国家扶持的事业。汉文大藏经相对应的就是汉传佛教，此外还有与南传佛教相对应的南传大藏经，与藏传佛教相对应的藏传大藏经（甘珠尔、丹珠尔）。汉文大藏经的形成不是一蹴而就的，在传译、著述、经录的逐渐完备后才逐渐形成框架。我国汉文写本大藏经的书写和流传始于隋朝，伴随官写"一切经"制度逐渐成熟，唐朝是汉文大藏经真正成形的时期。

刊本大藏经中，北宋开宝年间刊刻的《开宝藏》是第一部。其后又有不少大藏经，多属朝廷下令刊刻，普通寺院想要迎请实属不易。《毗卢藏》也正是在这种背景下应运而生，它与当时同在福州刊刻的第一部民间私刻大藏经《崇宁藏》合称《福州藏》，又称为《闽本大藏经》。

据《三山志》《福建通志》等资料可知，从唐末五代至清代，开元寺一直在福州寺院文化历史乃至闽地佛教史上扮演重要的角色。尤其是在南宋，在刊版大藏经的制作过程中，开元寺又成为御像奉安之佛寺。现今的开元寺坐落于福州鼓楼区经院巷。一九八九年，在寺后的空地上建毗卢藏经阁。

宋政和二年（1112），设开元经局，开始刊刻，在住持寿山本明等人努力下，前后历经七任住持，耗费四十年竣工，共记一千四百五十二部，六千三百五十九卷。东禅寺刊版《崇宁藏》完成的当年，出现同一时间同一地点刊刻两部大藏经的胜景，福州佛教的兴盛由此可见一斑。这当然与福建自身的文化发展分不开，福建文化事业的繁荣发展，到宋代显现空前的繁荣，以建阳为中心的麻沙书坊也是当时全国三大书籍刊刻中心之一。在开元寺参与刊版《毗卢藏》的僧人来自云门宗和青原系。该藏是佛教早期刊刻的大藏经之一，由寺院自行募集人员、资金完成刊刻。《毗卢藏》的刊刻，在中国印刷史与刻经史上都有重要的意义。开元寺《毗卢藏》完工后，两位日本僧人重源和庆政来到开元寺阅藏并迎请回国，谓之"福州藏"。此后，日本以此为参照，开始刻经，乃至刻藏。现存日本天皇宫内厅图书寮的宋版《毗卢藏》，即为当年重源与庆政带回国的原版。然而因为历代战乱，中国的《毗卢藏》在国内仅有数卷分布于各地。为了让《毗卢藏》完整本重回祖庭，由开元寺出面，在中日友好协会的大力支持下，省佛教协会与宫内厅图书寮商定了以复印纸复印全本藏经一百卷携回中国。一九九〇年四月六日，相关单位在福州法海寺隆重举行了赠送《毗卢藏》回归法会。

（四）王审知开设戒坛与万人无遮大会

五代时期，闽王王审知还在开元寺设立"戒坛"，为三千僧人剃度受戒，香火鼎盛。这是福州佛寺的第一个戒坛。天祐二年（905），王审知塑北方毗沙门天王佛像一尊，命黄滔作记立碑。天祐四年（907），王审知又设二十万斋僧于开元寺，号曰"无遮"。以现代的佛寺建设来说，能容二十万僧众都不可能达到，可见当时开元寺规模之大。这在佛教史上都十分罕见，同光元年（923），王审知划出开元寺一部分土地，建立太平寺，立有石碑，由翁承赞作记。碑文已佚，今仅遗传"地跨灵山芝山之麓"八字，故后来把太平寺记载入开元寺范围内。王审知为开元寺铸造过一尊举世罕见的铁佛，他为太平寺铸造了一尊释迦牟尼佛铜佛，所用铜达三万斤。后来铜佛遗失，据《三山志》载："有辟支佛，梁贞明四年，闽王以梦故，铸铜万斤，置太平寺……政和六年，从寺为神霄宫，移置开元戒坛。"王审知还拿出数量可观的金银珠宝，研磨成粉末撰写藏经，用名贵木头作为书架，将其裱起来。当时太平寺所藏的书籍为其他寺院所不及。王审知去世后，其子继任，继续设立戒坛和度僧，人数多达两万。

（五）唐代开元塔与宋代石槽石塔

据传开元寺在唐朝时有开元塔，为开元年间所建，唐末黄巢入闽的时候毁于战乱中。黄滔的《大唐福州报恩定光多宝塔碑记》中可以发现相关线索：

> 金圣人之教功与德，鲁圣人之教忠与孝，以忠孝之祈功德莫之大也。天复元年辛酉，天子西巡，岐、汴交兵，京洛颙颙。我威武军节度使、相府琅琊王王公，祝天地鬼神以至忠之诚，发大誓愿，于开元之寺造塔，建号寿山。仍辅以经藏，乞车驾之还宫也。其三年甲子，以大孝之诚，发大誓愿，于兹九仙山造塔，建号定光。仍辅以经藏，为先君司空、先秦国太夫人、元昆故司空，荐祉于幽阴也。

曾传王审知入闽后重建该塔。到北宋时又一次遭毁。关于芝山开元寺的记载，除了上述的碑记外，如唐人周朴所写的《福州开元寺塔》也曾提到：

> 开元寺里七重塔，遥对方山影拟齐。
> 杂俗人看离世界，孤高僧上觉天低。
> 唯堪片片紫霞映，不与蒙蒙白雾迷。
> 心若无私罗汉在，参差免向日虹西。

《福建通志》和《闽都记》中皆说此塔为闽王王审知所修，既有周朴题诗，即知非五代时闽王所建。宋景德初谢泌的诗中就说"夜间七塔万枝灯"，说明当时此塔仍在，今已不存。根据《闽侯县志》载，以开元塔为福州七塔（净光、神光、定光、定慧、崇庆、育王、开元）之一。开元塔为福州古代第一塔，故福州流传："三塔嵌三山，富足又平安。"在《宋高僧传》等后来的文献记载称：

> 又福州楞伽寺矿师者，海坛戍卒之子。厥初母氏怀娠，冥然不喜荤蔽。洎乎诞育，岐嶷异常，不啖鱼肉。年及八岁，甘嗜野菜，若锄䖆种者，即言杀伤物命。每见家厨烹爞毛鳞，则手掬沙灰，投于爨镬，贵其不食。自言：开元寺塔，隋朝中我造也。多说未萌事，后皆契合。便请出家，因披法服，顶有香气，如爇沈檀，号为圣僧。时侍御史皇甫政为留后，请入府署，因作肉馅子百数，唯一是素者，盘器交错，悉陈于前，意验其凡圣耳。矿临筵，径拈素者啖之，余者手拂而作。时皇甫部曲一皆惊叹。每出街巷，众人围绕。自言寿止十三，当定归灭。至是果终。遂于寺前火化，倾城士女哭泣，依轮王法，树浮图焉。

可惜这座号称福州第一塔现已不存，寺内还存有宋代石槽和石塔。

（六）四面佛与药师灵签

除有传统佛像外，开元寺内的观音苑还供奉着一尊四面佛塑像，是婆罗门教的三大主神之一，大梵天。据传大梵天有五个头，被湿婆损毁一个，剩下的头面向四个方向，有四只手，分别拿着吠陀经典、莲花、匙子、念珠（或钵），四面佛的造像每尊都有点差异，这尊香火最旺盛。

据传，四面佛的四面分别掌管人生不同的四个方面：正面求生意兴隆，左面求姻缘美满，右面求平安喜乐，后面求财。还有人认为代表佛教的慈悲喜舍四种。吸引了全世界的信徒和旅游爱好者前往参观和祈福、许愿、还愿。

福州开元寺的四面佛，据说是曼谷四面佛的分身（闽南地区称为分灵），不用出国就能看到闻名遐迩的四面佛，自然吸引许多信众，上面挂满愿卡，写上关于祈祷健康、婚姻、财运、事业的美好愿望。墙檐下，挂满还愿的锦旗，也应了那句"心诚则灵"。虽然四面佛信仰发源于印度，与中国传统文化中的观念有着较大的差异，但到汉地后，竟然得到大众的接受。也有人认为，四面佛是观音菩萨的化身。所以开元寺的四面佛供奉在观音苑内。

开元寺不仅有声名远播的铁佛（阿弥陀佛），还以药师道场著称。开元寺就出过治病有奇效的医僧提润法师，后来开办国内第一家佛教医院。开元寺还有药师签，每一签是一个药方，共一百签。比如：

第十签：寡过未能口渐修，虔心速向佛前求。次将橘络雕胡米，河水煎来即下喉。

药方：白橘络二钱，雕胡米（即茭白子）钱半，用河水煎三服。

开元寺的药师信仰有悠久历史，始于唐代，和当时净土信仰的流传紧密相关。《药师经》提倡的药师琉璃净土虽然没有西方极乐净土那么流行，但把药师信仰与老百姓最关心的疾病联系起来。尤其是在唐代，开元寺是皇家寺院，吸引了不少外国僧侣前来，如当时印度佛教中心大那兰陀寺三藏般若怛罗，在开元寺大力支持下，在福州传授密法、梵文及《悉昙章》。密教的仪轨多与药师经相关，因此，开元寺成为南方唐密传播和药师信仰的道场。这个注重发挥佛教医疗的传统一直为开元寺所继承，到了明代，开元寺僧人雪溪大力弘传药师法门，结合印度的医学手法与中国的医疗技术，致力佛医的普及和发展，创作出《药师灵签》。清末民初，宝松法师又大力募捐创建福建佛教医院，礼请当时的名将萨镇冰为董事长。改革开放后，开元寺方丈提润法师创设福建省佛教中草药门诊，进一步阐扬发挥佛医的功用，推动寺院僧人参与社会公益。现在寺内有明末建筑药师殿，清代《药师灵签》及福州开元释提润中医肿瘤诊所等，足见药师信仰传承的悠久历史。

《药师灵签》

（七）海丝之路与对外交流

福州自古以来就是海上丝绸之路的重要始发港和转运港，海上丝绸之路不仅带来经济、贸易的繁华，还吸引海外佛教高僧云集。福州著名的东冶港就位于开元寺前方。从唐代开始，不断有海外高僧到此，如印度高僧真谛，日本高僧空海、遣唐大使藤原葛野麻吕、"平安三笔"之一橘逸势、天台宗圆珍、东大寺重源及律宗的昙照和庆政等，都曾到过开元寺，韩国高僧元表亦在此驻锡。早在明代，开元寺的也懒性圭禅师，为隐元禅师高徒，曾经替代其师赴日本弘法，但在东渡途中遇大风暴，圆寂海中。清末民初，开元寺高僧宝松和尚远渡南洋，于马来西亚创一真法界寺，为祈祷世界和平，反对美苏核武竞争，自焚己身，以警世人。改革开放后，开元寺高僧提润应邀担任菲律宾两座普陀寺方丈。现开元寺内设有海丝佛教馆及空海纪念堂。

（八）文人墨客与开元寺

历代有许多关于开元寺的诗歌，如莆田人方惟深[①]所作的《程公辟留饮开元寺》一首，此诗志书未载，见《莆阳诗抄》卷下：

仙老说文小往还，多才今尹独能攀。
[②] 携斛步入千花界，借榻深临一水间。
笑语不禁沙鸟去，襟怀犹道野僧闲。
城中此地无人爱，坐对西南见好山。

南宋大理学家朱熹路过福州，参拜开元寺，写下对联"鸟识天机，衔得春来花上弄；鱼穿地脉，挹将月向水边吞"。自明初以至晚明，福州官绅和诗人多寓此消夏，如林鸿、汪文盛、高世魁、高潮、傅木虚、林世吉、曹学佺、徐㶿等，留下不少诗句。

（九）开元寺的文教活动

二〇二〇年，中央电视台播出大型纪录片《福州古厝》，其中有七

---

① 方惟深（1040—1122），字子通，莆田城厢后埭人，幼随父亲居住长洲（今江苏苏州）。惟深早年便通经学，尤工于诗，为乡贡第一，后举进士不第，即弃去，与弟躬耕。方惟深于崇宁五年（1106）特奏名授兴化军助教。他卒于宣和四年（1122），年八十三岁，无子，只有一女嫁与乐圃先生之子发。

② 斛：旧量器，方形，口小，底大，容量本为十斗，后改为五斗。

分钟的时间专门介绍福州开元寺，其解说词中这样说："一九九七年，在时任福建省委副书记习近平的协调和督导下，原设于寺庙之内的五金厂无条件搬迁，开元寺进入了快速发展期。"习近平总书记在《〈福州古厝〉序》中再次提到开元寺的铁佛。在现任住持本性法师的带领下，积极推动学术研究和文化交流，不仅编撰出版系列丛书，还于二〇〇七年设立开元佛教文化研究所，人民大学等在此挂牌设立实习基地。二〇一五年，开元寺更是在美国洛杉矶创办国际文教中心，与泰国摩诃朱拉隆功大学合作成立研究中心，推动多种佛教语言的研究和交流，为在海外弘法提供基础。开元寺还举办海丝论坛研讨会等内容多样的文化活动，包括不定期邀请知名中医专家前来普及养生医学知识等。

【小百科】

善无畏：中国唐代密宗创始人之一，开元三大士之一（另两位是金刚智和不空），是唐密的开山祖师，中天竺人，刹帝利种姓。译初《大日经》《苏悉地经》等密教经典仪轨多部。善无畏所传为胎藏界密法，金刚智和不空所传为金刚界密法。

密教：教派名称，是秘密佛教的简称。与小乘佛教、大乘佛教相对，泛指佛教三大教派之一，或与原始佛教、部派佛教、大乘佛教相对而言，指教发展的最后阶段。作为宗派名称时，往往指中国佛教的宗派——密宗，与净土宗、禅宗等相对。作为学说，又与显教相对，指佛的秘密教义，有时又作为判教概念，与藏、通、别、圆相对。作为一类经典来说，与坦特罗（tantra）相对，藏文作"续"（rgyud），指仪轨。根据密教在不同时期的称呼和主流思想来划分，又分为陀罗尼密教、持明密教、真言密教、金刚乘密教、无上瑜伽密教等等。

鉴真：唐代律宗僧人，是道宣律师的再传弟子，晚年受日本僧人邀请，东渡日本传律。东渡后，鉴真受到日本朝野上下的热烈欢迎，先后为天皇、皇后等皇室宗亲授菩萨戒，为出家僧侣受戒等等，故也被尊为日本律宗初祖。在寺院建造、佛像建造方面，鉴真也为日本带去唐代先进的工艺。

长安西明寺：唐代长安的国家寺院之一，在隋朝时为杨素的府第，西明寺承担有国家祭祀的重责，还曾是国家译场，玄奘、义净等在此译出众多经典，存有御制藏经"西明寺藏"，该藏对归义军之后的敦煌藏经写本有一定的影响。南山律宗道宣、法相宗西明系圆测、密宗善无畏、华严宗法藏等高僧都曾在此弘法，而敦煌的高僧法成、昙旷等与西明寺有密切的学术渊源。作为汉传佛教宗派发展史上的主要道场，众多从西来的日韩留学僧、向东往的西域僧，乃至西天朝圣的大德，多在此驻锡。西明寺曾经的历史地位不仅在中国佛教史上具有重要意义，更在汉传佛教国际交流中产生深远影响。

赐紫沙门：一般是皇帝为表尊崇而赐予的紫袈裟。

净土宗：中国佛教汉传八大宗派之一，以《阿弥陀经》《无量寿经》《观无量寿经》为根本经典，提倡凡夫应该借由念佛，发愿求生到西方阿弥陀佛的极乐世界，由于理论简单，修行方式简易，在中国传播面广，对中国传统的世界观和价值观产生重要影响。

圆珍：日本平安时代八位入唐求法的高僧之一，圆珍于大中七年（853）入唐，于福州开元寺跟随存式学《妙法莲华经》《华严经》《俱舍论》。存式还送给圆珍《四分律东塔疏》以及嘉祥、慈恩两家《法华经疏》，华严、涅槃、俱舍等疏义近三百卷。除了得到开元寺僧人的帮助，当地的民众也纷纷慷慨出钱助其抄写日本所缺佛经。圆珍还在福州开元寺中遇到中天竺摩揭陀国大那兰陀寺三藏般若怛罗，受学梵字《悉昙章》，兼授"金刚界大悲胎藏大日佛印""七俱知""曼素室利印法""梵夹经"等。日本天台宗的创始人。中日交流史上的重要人物。

八、旗山万佛寺

北宋丞相李纲的《闽中怀古》一诗说："无诸建国事悠悠，名殿高悬望海头。旗鼓两山分左右，天然形胜镇闽州。"这里的无诸就是闽国最早的建立者。自古以来，福州民间就传说"西旗东鼓，旗鼓相当"。这里说的"西旗"，指旗山万佛寺，"东鼓"指鼓山涌泉寺。万佛寺位于福州市区西郊的翠旗山，由于山巅逶迤，其形如旌旗招展，故得名。旗山的山脉绵延数里，横跨南屿、上街两镇，海拔高七百七十五米。旗山东麓的南屿镇自古便流传着"九庵十八寺"的说法，可见旗山一直以来便是出家人栖身修行的场所。

山门

（一）历史沿革

寺院地属侯官灵凤里，初名灵凤院，据《榕城考古略》记载，寺始建于宋大中祥符三年（1010）。南宋绍兴十年（1140），寺僧天石于石上种松三株，题诗云："偃盖覆岩石，岁寒傲霜雪。深根蟠茯苓，千古饱风月。"以此因缘，寺院易名为石松院，后改为石松寺。石松寺便是当时"九庵十八寺"之一。寺院屡经兴废，明邓原岳诗云："古寺荒凉甚，伤心落照前。佛龛留鼠迹，僧舍断人烟。色相已成幻，桑田殊可怜。只余洗钵水，相对亦泠然。"诗中叙述了寺院的沧桑变化，明成化九年（1473）及万历年间，经历两次重修。第二次重修后，成为晚明福州文人雅士聚集创作的场所，寺院也颇具规模。清代后又屡有兴废，仅存大雄宝殿、西配殿和东堂，不复当年繁华之景。一九九九年后，在广霖法师的带领下重建，更名为旗山万佛寺，现在的旗山万佛寺占地一千三百五十亩，主建筑约占地三百八十亩，附属的建筑群占地三百六十亩，景观绿化约六百亩，放生池约六十亩，规模如此大的寺院在全国寺院中实属罕见。

（二）中西合璧的寺院格局与万佛朝宗

万佛寺的山门高达二十三米，宽六十米，寺院的主体建筑也是中西合璧的佳作。广霖法师接手万佛寺后，重修兴建，无论是建筑外形还是雕刻，皆古朴典雅。其中斗拱、柱头等采用宋代的榫卯连接方法，这在现代寺院建筑中也少见。大雄宝殿除了在规模上是全国最大外，还有罕见的大门，全长三十四米四，高六米八，由七个门串联而成。中间的门宽幅最大，宽六米八，两边各有三个门，宽四米六。这扇大门制作历时一年多，用了一百二十吨名贵花梨木雕刻而成。这扇花梨木大门，除了体积大之外，门框上还雕刻了一幅完整的《清明上河图》，令人叹为观止。大雄宝殿层高达到三十米，正面有青龙石柱十二根，面阔五间，进深七柱。大雄宝殿的设计者根据旗山地形，在原有大殿的基础上，结合古代宫廷建筑的特色和传统寺庙建筑风格，打造出古香古色又融合现代建筑特点的杰作。一九九九年，经政府批准，石松寺重建。万佛寺前方丈广霖法师提议将石松寺建成全国最大的寺院，藏万尊白瓷佛，更名为旗山万佛寺。二〇〇〇年，落实宗教政策，交由僧人管理。雪峰崇圣禅寺方丈广霖法师住持石松寺，在保护古寺遗存的基础上全面主持古刹重建工作。寺院中藏有一万尊白瓷佛像，在全国寺院中尚属第一。"万佛朝宗"的盛况也吸引了海内外的信徒前来朝拜。万佛寺建筑群规模气势恢宏磅礴，形成"万尊玉佛归一寺，万人听法集一堂，万叠莲波荡一湖，万人谒寺朝旗山"的特有风貌，每年都吸引百余万海内外信众及各界人士慕名前往观光、朝圣。

旗山万佛寺大雄宝殿

大雄宝殿正门雕刻的《清明上河图》局部

（三）文人墨迹

石松寺曾是福州著名的佛教圣地，文人墨客留下许多诗文墨迹。如明太守林春泽《春游石松寺》：

> 法真松下法华境，春半登临春可怜。
> 野翠兼天飞雨外，峰霞接地落花前。
> 林丘且毕余生志，仗履聊随未了缘。
> 漫向虎溪结三笑，归来潇洒是安禅。

还有《暮秋游石松寺》：

> 翠旗峰下丛林晚，西馆相携眼倍明。
> 天半风高双鸟逸，江空木落万山清。
> 秋容已纵烟霞老，野兴偷随杖履轻。
> 谁信昨非今更是，我今方得古人情。

明陈介夫有诗《晚过石松寺》：

> 看山不觉深，挂杖入双林。
> 古意坐来淡，秋云行处阴。
> 白莲重结社，芳草自知心。
> 欲恐归时路，明朝不可寻。

明礼部尚书曹学佺也曾作诗：

石与松俱好，名之寺更幽。

到门山雨下，面壁峡泉流。

法磬随清虑，香台自远眸。

此生无住著，才得称心游。

（四）历史遗存

万佛寺文物遗存较多，如石松古殿，即原石松寺大雄宝殿，始建于宋代，重建于明代，坐北向南，建筑面积六百平方米，为现今保存较好的明代殿堂建筑。殿后正中放置一个宋代石槽，上刻"石松寺，绍兴甲寅年立"，周身雕刻有花草禽兽，有较高的艺术价值。今寺中尚存南宋绍兴十年（1140）所立的法真松碑，题云："一于寺门立名实，二于山林为标致，三于一切人作阴凉，勿剪勿伐，永荫此山。"寺院前面还有三棵龙眼树，正对寺门的一棵最大，胸围达两米一五，冠幅东西达十一米二，南北十一米，高约十二米；靠东的一棵，胸围一米九五，冠幅东西十五米六，南北十二米，高约十一米，靠西的一棵略小。三棵龙眼树传为明末复兴寺院的僧侣所植，距今有三百余年，三棵龙眼树可谓寺中一宝。这三棵龙眼树为迟熟优质品种，果大核小，品质极佳。至今寺左边还有三棵龙爪松，至今苍虬劲挺。寺后侧岩壁上摩崖石刻，如"灵凤山"题刻、植树题记、"坐禅室"题记以及"禅除作、祖天书"的七绝诗刻等，均为宋刻。如天石的摩崖石刻高约二米四，宽约一米一。楷书，纵五行，字径约十五到二十厘米。从左到右读：

果木我栽我培，杉松我种我植，当局务者宜护惜之。

绍兴二十六年，住山老祖天石。

在老祖天石题刻左侧有一个无名氏的题刻，摩崖高一百二十厘米，宽五十三厘米，楷书，纵四行，字径约十二厘米。内容是：

炉重香献长生供，瓶具花敷无尽春，珍重尸迦已陈迹，不知谁识解空人。

在石松寺后灵凤山坐禅室右壁有三行楷书，正文字径三十五厘米，旁款字径十厘米。

行禅勤宴坐，宴坐徒行禅。

禅宴无余事，饥食困即眠。

与上面老祖天石石刻类似，底部亦饰有莲花图案，上有纹路，石刻风格相近，旁边还写着"住山老祖天石绍兴二十六年立"。由此推断，这里曾经是僧人坐禅的地方。灵凤山摩崖石刻于一九八九年与石松寺被闽侯县人民政府认定为县级文物保护单位。寺中还有宋代的船形石槽，上刻"石松寺，绍兴甲寅年立"，上面雕满花草鸟禽，具有较高的艺术价值。寺中还存有石构舍利塔，建于南宋绍兴年间，塔为窣堵波式石塔，塔内有僧人的舍利。此外，还有莲瓣式石盆、抱鼓石等遗迹。学者结合《福州府志》《侯官乡土志》等记载得知，宋淳熙二年（1175），南宋宰相林安宅去世后，孝宗皇帝赐葬于石松寺旁，可惜墓地无处可寻，只发掘出赐葬的残碑一方。

观音山

（五）法脉传承

　　旗山万佛寺屡经兴衰，但香灯不断，绵延千年，法嗣永续。福建是南宗禅一系的重要弘法范围，万佛寺自然受其影响，古时以禅法的弘扬为主。万佛寺的禅宗传承来自僧人石松祖天，石松祖天嗣法于雪峰寺思慧妙湛，传云门宗第九世，到清末，石松寺又为曹洞宗僧人主持。重建之后则成为天台宗在福建弘传的重要道场。禅宗的法脉源自福州怡山西禅寺谈禅长老，谈禅长老是临济正宗四十七代传人。天台宗为中国汉传佛教八大宗派之一，以《法华经》为尊奉的经典。天台宗在元代逐渐衰微，民国时期由谛闲法师（1858—1932）中兴。广霖法师为天台宗第四十六代法脉，传承自永惺长老（香港佛教联合会名誉会长、谛闲法孙、天台宗第四十五代）。正因为广霖法师所承法脉均与海外关系紧密，故其与海外佛教诸山的法兄弟法缘深厚，在对外交流方面也用力颇多。其以法脉为血缘纽带，与海内外相关的同源法子建立良好的互动与交流。如与韩国的天台宗总务院等机构就一直保持良好的互动关系，双方在天台宗文化交流、茶道等方面都多有交流。

（六）文化弘扬与社会服务

重建之后，万佛寺每年都会组织多样化的两岸交流活动。二〇〇六年，万佛寺举办佛祖舍利瞻礼活动，吸引来自各地（包括海外）的各界人士到寺参观，达四十万人，台湾地区佛教界和香港地区佛教界也专门组团前来瞻礼。自二〇一二年起，万佛寺连续数年邀请两岸佛教界的大德长老在大雄宝殿举行"护国消灾三时系念祈福法会"，为世界和平与国泰民安祈愿，祈祝海峡两岸携手共进。除了与台湾地区交流密切，万佛寺还以艺术文化为纽带，依托雪峰书画研究会，多次组织会员前往各地进行书画作品的交流学习。万佛寺还承办过第八届闽台佛教文化交流周暨佛教自身建设与祖师禅研讨会系列活动。该活动不仅加强了闽台两岸以宗教为纽带的良好互动，而且引导两岸佛教界再次聚焦于佛教的人才培养和自身建设，扩大了万佛寺在两岸文化交流中的影响力。

【小百科】

《法华经》：中国天台宗尊奉的经典，被称为"经中之王"。其中以法华七喻最为出名：火宅喻、穷子喻、药草喻、化城喻、衣珠喻、髻珠喻、医子喻。经文中还提出三车喻三乘，以羊车喻声闻乘（小乘），以鹿车喻缘觉乘（中乘），以牛车喻菩萨乘（大乘）。

九、其他佛教寺院及相关活动场所

除了以上寺院，福州还有许多极富特色的寺院，都在福州寺院文化史上留下了重要的一笔。这些寺院或建在江中，或全木结构，或曾充当灯塔功能，凡此种种无一不是福州文化的历史见证。

（一）福建佛学院女众部崇福寺

福州崇福寺位于福州北郊新店镇像峰南麓，宋代时属于怀安县越城里。原是"祝圣道场"，旧称崇福院，为福州五大丛林之一，同时也是日本长崎崇福寺的祖庭。《三山志》载，寺院始建于宋太平兴国二年（977），初名崇福院，后废。明万历四十七年（1619），跬存禅师来此，见此山清幽，峰奇石怪，形如"象王垂鼻"，又有溪流盘旋而下，植被葱郁，宜养

崇福寺

人，便在此设立养母堂。跰存禅师领信众重修殿宇时发现"崇福禅院"匾额，便在永觉元贤禅师支持下，四处募化发愿重兴寺院，但最初规模并不大，仅有殿堂三间。崇祯五年（1632），大雄宝殿等殿宇才建造完成，据传当时殿内存有一尊三米多高的阿弥陀佛立像，佛像庄严逼真，吸引许多信徒前来瞻仰。永觉元贤赠诗："北岭云边翠色浓，松窗竹几寂寥中。焚香默坐惟观息，一任山花白与红。"鼓山道霈禅师亦为之作记（制成匾，今存）。跰存禅师示寂后，因时局动荡，交通阻隔，外出募捐弟子无法返回，寺中建造工作只能暂停。清顺治年间，跰存的弟子清安主持寺院活动，寺院建设稍有起色。清安圆寂后，康熙三十三年（1694），其徒叔禅又重新主持兴建，经过五年努力，重修大殿及东西两庑，初具丛林规模。在此之后，寺院又后继无人而再次衰落。光绪二十一年（1895），鼓山涌泉寺古月禅师来此率众主持寺内诸业务，重建大雄宝殿、钟鼓楼、法堂、天王殿等主体建筑，一切格制皆仿效鼓山涌泉寺的寺院格局。崇福寺僧众有感于古月禅师对寺院中兴功德，于寺内特辟一处地址建塔纪念，称"中兴崇福古月禅师塔"。右边是光照禅师塔，左边是净善禅师和德光禅师塔。三塔均是上圆下方结构，外围雕刻有如意、麒麟等图案。古月禅师塔建于民国八年（1919），塔铭刻有"民国八年 清开山重兴第一代古公圆朗大禅师 监院比丘北照"字样。右侧塔建于民国十六年（1927），塔铭刻有"民国十六年 清开山协兴第贰代复止必定复公光照大禅师 地灵齐清 禅心园印 监院比丘净善"字样。左侧塔建于民国二十三年（1934），塔铭为"民国二十三年 清开山协兴第贰代复公净善大禅师 清开山协兴第三代演公德光大禅师 监院比丘德化"。古月示寂后，古月嗣法弟子必定继任住持。崇福寺历史兴衰交替，文献中记载着墨不多，鼓山涌泉寺住持为霈道霈所撰《重建北岭象峰古崇福院》中有一些内容，保留了珍贵的资料。一九五七年，福州市佛教协会于寺内创办佛教安养院，作为市区各寺院老弱、生活无依无靠的教徒归依之处。一九八三年，福建佛学院女众班在此学习。一九八九年，传常法师升任方丈。二〇〇三年，中国佛教协会理事、福建省佛教协会副会长如妙法师荣膺升座为方丈，二〇二一年，如妙法师退位，宽铭法师接任方丈。

明崇祯二年（1629），该寺超然和尚东渡日本长崎圣寿山建"圣寿山崇福寺"，为该寺第一代住持。现今，在日本长崎圣寿山亦有崇福寺，号称西日本第一寺院，创建于明崇祯八年（1635）。他们尊福州崇福寺为中土祖庭，曾组团前来寻根认祖。长崎崇福寺的样式为明末清初建筑风格，寺内有两件国宝——大雄宝殿和"第一峰门"。日本长崎崇福寺与福州崇福寺关系密切，福州市与长崎市又结为友好城市，这也算中日历史交流友好往来的象征和重要见证。

（二）法海寺：福建省佛教协会驻地

福州民间常说"三山藏，三山见，三山看不见"。其中法海寺就位于"三山藏"之一的罗山。法海寺肇始于五代后晋开运二年（945），最早是孟司空的私宅，初名"兴福院"，宋大中祥符年间改为现名。一千多年来，该寺历经沧桑，屡有兴废。宋政和七年（1117），曾改成道观，名"神霄宫"。不久恢复为佛寺。明代，寺院一度被豪强占为私人庭院，万历年间才恢复原来寺院的功能。此后又为人所侵占。明谢肇淛《过法海寺》云："当年甲第倚云开，此日惊登般若台。金池已成新世界，罗山还属旧如来。春深别院无歌舞，水落寒池有劫灰。二十年前读书处，题名强半没苍苔。"一九二八年，圆瑛法师在雪峰崇圣寺担任住持，设法收回法海寺并重建。一九四八年，忠心和尚创办"法海中学"，招收贫寒失学青少年，为社会培育了一批人才。新中国成立后，福建省、福州市佛教协会均设在寺内，"文革"中，除殿堂建筑外，佛像等一切陈设悉遭破坏，房屋被工厂、机关等占用。一九七六年落实宗教政策，寺院交还佛教界，重加整修。现存的大部分殿宇为清代重建，现有四座主体殿宇。寺中存有不少文物值得一赏，如中国佛教协会前会长赵朴初题写的寺名匾额；天王殿内的天冠弥勒（非一般寺院大肚弥勒的形象）。殿前檐下正中的一对圆石柱上，凹刻清属款"光绪己卯仲春""前云南布政使、里人陈景亮敬书"的对联："法云地获金刚，乾慧地救护亲因，入遍知海 罗汉道证菩提，无上道安住不动，如须弥山。"陈景亮是清代刑部尚书陈若霖之次子、末代"帝师"陈宝琛的祖父。天王殿后排的匾额"大雄宝殿"也是赵朴初所写。殿后是法堂，堂后的地势开始升高，因此地已到罗山。从石阶上去就是大悲楼。楼后屋檐下正中的石柱上刻有属款"光绪十年岁次甲申荷月谷旦""同知衔特调台北府新竹县知县仁和徐锡祉敬献"的对联："慈荫慈云具大神通，度一切苦厄 宏敷法雨是真佛力，现五蕴光明。"此对联刻于中日甲午战争爆发前的十年。法海寺的弘法楼为一九九三年台湾地区财团法人佛陀教育基金会捐建。立于弘法楼前的清光绪十二年（1886）《重建罗山法海寺碑记》中记载："清同治年间住僧心法，慨然有兴复志，渡台捐募……"由此可见闽台佛教的历史亲缘关系。

罗山法海寺山门

法海寺天王殿

（三）定光寺与白塔

定光寺为闽中名刹，坐落在福州于山西南麓（今位于福州五一广场正对面），始建于唐天祐元年（904）。"定光"一词，佛教中一般指定光佛（燃灯佛）。室内有一塔，据黄滔《大唐福州报恩定光多宝塔碑记》载，闽王王审知于天祐元年（904）"以大孝之诚，发大誓愿"，为报答父母养育之恩，于"九仙山造塔，建号定光"，因之塔名"定光多宝塔"。相传，打地基时，发现一颗光芒四射的摩尼宝珠，故取名为"定光多宝塔"。该塔通体白色，又称"白塔"，寺因此以"白塔寺"之名为大众所熟知。白塔和乌塔遥相呼应，与屏山、于

白塔

山、乌山共同构成福州"三山两塔"格局，成为福州的标志性建筑之一。定光寺历代均有修缮。明嘉靖年间寺院主体建筑大多毁于倭患，定光多宝塔也于明嘉靖十三年（1534）毁于雷火，嘉靖二十七年（1548），利用残砖重建，改建为砖塔，七层八角，高四十一米，塔内设木梯可登顶，外敷楹联。从楹联的信息看，妙莲在光绪二十九年（1903）重修寺院，之后鼓山古月、振光任住持，之后便作为鼓山廨院，接受涌泉寺管理。据魏敬中《福州白塔碑记》载："梁开平中，表为万岁塔寺，岁久寺废，住持自庆苦行坚募十余载，经始道光七年以次修复，法徒日盛，斋饭不

充……开丛林，辟方丈，接十方，严戒律，禅规大备，设檀主而祠之，而于求记于余，余谓住持于一年之中修三摩地。"由此可知定光寺及白塔的历史演变。

近代以来，该寺与圆瑛、明旸等人有殊胜的法缘。一九二六年，圆瑛在福州启建救劫息灾法会，亲自主持大法，于定光寺法堂讲《仁王护国般若经》，明旸法师当时只有十岁，随母亲到寺内听经，年龄虽小，但已有所悟，便向圆瑛提出出家的要求。大师未许，为其皈依三宝，直至十三岁才剃度出家，成为圆瑛法师的嫡传弟子。

定光寺天王殿石拱门门框上刻着鼓山涌泉寺现任方丈普法法师题写的楹联"陶塔、石塔、白塔，同宗圣箭；鼓山、乌山、于山，不二法门"，形象揭示了鼓山、乌山和于山三个道场间的渊源关系，说明两座寺院与鼓山涌泉寺之间深厚的法缘关系。法雨堂是福建船政学堂创办时的寄读宿舍，严复等学人曾在此上课、读书。白塔寺作为鼓山涌泉寺的下院，当时众多台湾地区僧侣曾经在此受戒。近些年以来，时常有在此受戒的老戒子回来拜谒。

（四）石塔寺与乌塔

乌山石塔寺，坐北朝南，位于乌山东麓，地址在福州市鼓楼区下殿里六号（左邻三坊七巷，右邻福州市政府），在乌塔左侧。唐贞元十五年（799），福建观察使柳冕为德宗皇帝李适祈福祝寿所建石塔，赐名"无垢净光塔"。佛教认为世间为五浊恶世，无垢与此相对，代表清净无污染。同时，在塔旁建寺，亦名"净光寺"，又称"石塔寺"。乾符六年（879），因战乱火毁，寺院亦衰败，仅留一块塔铭，目前仍留在碑亭内。五代永隆三年（941），王审知儿子王延曦重修石塔寺，与之前祝寿建塔不同，王延曦是为"江山永固"及其亲眷部属祈福建寺，在已毁净光塔遗址上重建，名为"崇妙保圣坚牢塔"。该塔原计划建到九层，无奈到第七层时，王延曦便被人所杀，造塔工程也草草了事。时至今日，在预先嵌入第五层壁上的塔记中可看到记载："层一至九，样独无双。暨某年某月，良工告成，凡一十六门七十二角，并随层隐出诸佛形像，共六十二躯。"可知塔的建造并未按照预想的进行，被刻上的落成时间也是空着的，并未补刻上去。乌塔是用花岗岩建造的，阁楼式呈八角形，通体高为三十五米，用叠涩抽檐的方法建造。七层塔中第一层开一门，其余各层开两门，塔内有曲尺形石阶供攀登。第一层东面开门，有八位护法金刚立于八角，其余七面均辟为佛龛。未开门的地方设有佛龛或碑记，浮雕的佛像镌刻在贝叶岩上。共有四十六尊，形象生动，雕工精湛，堪称五代闽地雕塑精品。每一层只供奉一尊佛，如"南无无量寿佛""南无当来下生弥勒佛"等，七层共祀奉七尊佛。佛像的左右肩上方均镌刻佛名及捐资的人员名单或祈福词。第四层和第五层分别嵌入"塔名碑"和"建塔记"，最后一层佛像上有"祈福题名"，这些都是研究五代闽史的重要材料。自五代重建至今，已经历千余年的岁月，是福建现存最古老的石塔，与"白塔"遥相呼应。

石塔寺　　　　　　　　　　　　　　乌塔

至明嘉靖年间，石塔寺一度废弃。清顺治六年（1649）重建。康熙三十五年（1696），福州鼓山涌泉寺住持兴隆禅师重修，涌泉寺僧众进城托钵时都借宿于此。光绪十三年（1887），鼓山涌泉寺住持妙莲法师重新修建。乌塔年久失修，一度濒临倒塌，一九五七年以来经历过数次大规模的翻修加固。一九八〇年，莆田理光法师负责重修寺院，历经四年，此寺现为涌泉寺的廨院。

（五）福建最早的尼众寺院地藏寺

金鸡山地藏寺历史悠久，是福建最早的尼众寺院，位于福州东门外的金鸡山南麓。梁武帝大通元年（527），该地曾建有法林尼寺，后寺废尼散。唐乾宁元年（894），寺院重建，因大殿内供奉地藏菩萨而得名"地藏院"。历经数次修葺，规模日显。后寺院毁于火，仅存地藏殿。五代时改建为"报恩寺"。明末，地藏寺成为停放棺椁之地，至清咸丰时越发萧条冷落。同治三年（1864），福州绅耆魏杰捐资募集重建大士殿、文昌祠、斋堂和拜台，重修前殿、山门，立公告严禁"租停棺柩"（该碑今嵌于寺内大雄宝殿东侧廊庑内墙）。地藏寺屡经重修，无奈之下又重新沦为置棺的场所。一九三〇年，比丘尼德钦从福州东郊溪口双溪庵率众接管此寺，将寺内所停之棺悉数下葬于寺旁陈家山，重修

金鸡山地藏寺

庙宇，该寺成为尼众道场。当时慈舟法师南下弘律，地藏寺比丘尼遂依止其为教诫师，使寺内宗教活动如法如律。至近代以来，地藏寺重兴，德钦（受法于虚云，为临济宗第四十四世法脉传人）、明旭（中国佛教协会原副会长明旸生母）、传常（临济宗第四十五世法脉传人）与妙湛、普雨、圆拙共同创办福建佛学院，历任中国佛教协会咨议委员会副主席、福建省佛教协会副会长、福州市佛教协会名誉会长等尼众大德相继主持该寺，使其道风严谨闻名于世，成为名闻海内外的著名女众丛林，在佛教界极具盛名。一九八三年，地藏寺被列为全国汉族地区佛教重点寺院，是福建地区入选的十四家寺院中唯一的尼众丛林，近代历任方丈皆属禅门临济宗，传承近代高僧圆瑛、虚云两支法脉，寺众禅、净、律并重，是福建省乃至全国有名的女众丛林和净土道场。中国佛教协会原会长赵朴初曾两次莅临地藏寺视察，关心推动地藏寺修缮复建，兴怀赋诗云："喜看殿宇重开启，希有因缘好护持。问讯同参清净众，说经法乐与相期。"如今，地藏寺经过三十多年的翻修增建，面貌焕然一新。寺内设有天王殿、地藏殿、大雄宝殿、玉佛殿、藏经楼、念佛堂等，整座寺庙坐东面西，清净庄严。

（六）连江青芝寺

青芝寺是原国民政府主席林森设计的，体现中西合璧的特色，在佛教寺院中别具一格。

青芝寺始建于唐贞观十五年（641），旧址在八仙岩。因青芝山盛产灵芝而得名。董应举解释道："因芝纪瑞，借寺标奇。"山门亭上有对联"寺产灵芝闻海外，山称百洞重江南"。明万历四十年（1612），工部侍郎董应举告老还乡后，重新开辟百洞山，将青芝寺迁移至山下，与周围的景观相得益彰。为此，他专门写了《重建青芝寺疏》：

　　按青芝寺，故在八仙岩北，因芝纪瑞，借寺标奇。烟云变幻，久成荒草之区；山岳还灵，再现旃檀之相；扫除幽谷，卜徙新林。石壁天门，绕出琅霄之上；瑶台洞府，移来法座之前。控复道以行空，划圆壶而腾景。龙拿虎蹲，岩壑踊而争雄；阴豁阳收，日月留而不去。自非天作，决无此奇；必仗德心，乃成厥胜。但使人随愿力，荷畚铺以如云；神牖天衷，相经营于不日；则十洲鳌极，戴仙圣以犹惭；三岛龙宫，托巨灵而永奠。行歌樵唱，无非证果之音；游屐书声，俱是登真之路。斯为妙境，岂曰福田。

　　为纪念董应举开山建寺之功，后人在山门边兴建"董公祠"供奉。董应举的好友——宰相叶向高、东阁学士李廷机曾一起在青芝寺读书，吟诗作对，在寺院周围的石壁上留下不少摩崖石刻。山门内外有几处摩崖石刻，其中有刻于清光绪二十年（1894）的"今古名山""引人入胜"，寺前一块石头上刻着"欲界仙都"四个字。佛教认为世间分为欲界、色

青芝寺

界、无色界，这里即说青芝寺是欲界中的一方净土。光绪十三年（1887），兴福禅师增建了大士殿，按照传统寺院格局建钟鼓楼，为土木结构，做工精美。一九一一年，觉非禅师由南洋至此驻锡，将在南洋募捐的资金用于修缮寺院，修整周围的景观。"青芝征社"的人希望重修，便求记于陈衍，写于一九一二年。

重修青芝寺记

青芝一名百洞山，山一而洞百，其胜可知。余居会城，去青芝仅百有二十里。十余岁时闻乡人多绳①之者，顾至今曾未一游，良由数十年旅食四方，罕还其乡。然亦好游之情先难而后易，图远而忽近，用蹉跎耳。去岁读见龙②先生集所为文，熟于首郡形胜，自台江至海百余里左右，缭绕之山川岛屿，如指诸掌。顾未详青芝，惟诗中有矩壑泉、定光石室、星窝、悬石洞、猿公岩、天路、三玉蛉诸绝句，不甚显于世。然读叶台山③游青芝诗序，则云孟溪之上为中峰，岩洞奇绝。去廷尉董公居不数里，鲜有迹者。公芟芜刊阻，名胜始出，可与吾邑福庐④相伯仲。是兹山赖董公而辟，更赖叶公而传也。山故有寺，久倾圮，洞壑半没榛莽。青芝征社同人谋鸠赀⑤爬梳修茸之，请记于余。余投老归里，方欲多游吾乡名山水，以补吾阙。今又避兵海上，五十年闻名之胜，请见未有日，所谓山一而洞百者，尚未得一一而曲状之也。

---

① 绳：赞誉。
② 见龙：董应举（1557—1639），号崇相，字见龙，连江琯头人，明代名臣。
③ 叶台山：叶向高（1559—1627），字进卿，号台山，福建福清人。任礼部尚书、东阁大学士等。
④ 福庐：在福州市福清龙田镇附近。
⑤ 鸠赀：集资。

一九二三年，刚担任福建省主席三个月的林森在"倒林拥萨"事件中辞职。林森便应友人之邀，游览青芝山，夜宿梅花楼，和住持觉非结为好友。从此林森便常来往于青芝寺，建造别墅自居，自号为"青芝老人"。一九三一年，青芝寺毁于火灾。一九三二年，新任国民政府主席的林森委托陈彦超等人对寺院进行修缮，亲自设计寺院的建筑格局，重修后的青芝寺于一九三四年建成，建成之日林森还与友人在寺前合影。

青芝寺有国内独一无二、中西合璧的大雄宝殿。其外观似西式楼房，采用立方体的建筑轮廓，外墙底部用方整石块砌至约一米六。上面用青砖砌成。正面四扇西式穹隆形窗户，顶部六个柱形造型，协调统一。大门的两侧各立有一块碑刻，左为《扩建青芝寺碑记》，右为《大清嘉庆癸卯年二月吉旦立碑》。寺院内部则是中国传统的宫殿式建筑风格，左右有回廊，前后有天井，青芝寺精致的厢房花格窗，庄重的供桌陈列品，古色古香。大殿中的释迦牟尼像，是林森在南京雇请江浙一带雕刻大师，用有千年树龄的整棵楠木雕刻而成，佛像面容慈悲庄严，是珍贵的艺术品。这尊木质佛像与九世班禅送给林森的白玉佛、一株百年灵芝，可谓"青芝三宝"。殿内留有不少名人所题楹联诗对，林森的为"前殿涌祥光，迨白马载经，声教千年方暨讫；名山开法会，矧青芝献瑞，神灵百洞尽皈依"。住持僧觉非的为"朝暮粥鱼供，每惭诵帚钝根，未获妙音观自在；春秋梵呗响，好发染香深愿，皈从净土波罗持"。一九八四年，界修法师住持青芝寺，得到各地教众的慷慨捐助，重新整修殿宇。一九九〇年，界贤法师住持青芝寺，新盖大悲阁、选贤楼、玉佛阁等，寺院建筑面积进一步扩大。

（七）寺院文旅场所金山寺和华林寺

由于历史原因，很多享有美名的寺庙其实是民俗活动场所和文化旅游场所，并未登记为佛教寺庙，金山寺和华林寺即为其中代表，但也属寺院文化。其中，尤以华林寺为代表，华林寺是全国重点文物保护单位，也是长江以南最古老的木质建筑，其文物价值远高于其他价值。

1. 江中的金山寺

说起"金山寺"，大家耳熟能详的就是"水漫金山"。福州金山寺确实在水中，却从未被水淹过。金山寺位于市西郊洪塘街西北方向闽江南港中的阜地上。这个体积不大的阜地立在江中，颇似江苏镇江的金山寺。金山寺四周水流湍急，江浪滔滔，传说它能"从潮高下，水涨而山不没"。

金山寺

《洪塘志》记载："金山江心矗起，形象印浮水面，似江南镇江，故曰小金山。有塔七级，故曰金山塔寺。"寺始建于宋代，访寺需借助寺前渡口小舟前往，来回船费门票总共六元。《闽都记》载，寺院与对岸本有一石桥相连，后因水道堵塞，于周围民众不便，便于万历四十三年（1615）拆除，此后才开始以小舟往返。走进金山寺的大门，往前走几步就可以看到江对岸的环形墙上有很多故事主题彩绘壁画，其中有抗倭名将张半洲、林瑭为民申冤，状元帝师翁正春等。金山寺的信仰体现佛教与本土民间宗教融合的特点。游客进入寺院首先映入眼帘的是供奉天后妈祖的前殿，左右两边分别是哼哈二将与四海龙王。穿过入寺中庭，映入眼帘的是金山塔，它的左手边是"借借室"，右手边是"怡怡斋"。"借借室"中供奉的是明代"三一教主"林龙江，因当年曾借居此处，宣扬三教合一的思想。室名的由来，是因当时林龙江为倭患死难同胞进行"普度"法事之时，道具都是向周边居民借来的，故有此称。"怡怡斋"供奉佛教的伽蓝菩萨——关公，历史上曾有许多文人在此读书学习，其中有兵部尚书、抗倭名将张经，状元帝师翁正春，礼部尚书曹学佺等几十名进士、举人和官员。若不那么严格地界定，金山寺的信仰模式也可视作三教合一，这种宗派融合、诸宗融合的情况在宋代很常见。

金山寺规模虽小，但古迹颇多。寺院周围依旧可寻古代遗留下来的八处景点——洪塘古渡、石仓秋烟、妙高钟声、半洲渔火、云程石塔、水岊风帆、环峰夜月、旗麓斜阳。游客们来此踏踪觅迹，别有一番情趣。除了这些，金山寺还留有一些历史遗存，其中值得称道的有"金山寺寺牌"。此牌系中国佛教协会原会长赵朴初题写，悬于金山寺正前方。"是最胜处"横匾，系国民政府主席林森游金山寺时所写，挂于妈祖厅墙上。

"大慈楼"横匾，系著名书画大师刘海粟八十八岁高龄为金山寺观音堂所写。寺院中还有一株连理古樟树，这棵古樟树位于金山寺西边。

相传此树系明朝当地状元翁正春读书时所植，树高约二十米，径粗一米多，离地约一米的部位分叉出两大树干，约三米高处又横生出一树干，就像人的手臂一样把分叉的大树干紧紧地连接在一起，故称"连理树"。最后就是千年的石塔，位于金山寺正中央，据民国汇编的资料记载为周显德七年（960）建造的七级八角石塔。塔身七级，高约十米，以

金山寺石塔

一百八十五块白梨石砌成。该寺千百年来受风吹浪打仍然屹立不倒。寺院和塔创立的具体时间，不见史料记载。民间传为宋绍兴年间所建，后为洪水冲毁。《闽都记》中记载有元末王翰《晚泊洪江塔》的诗句"胜地标孤塔，遥津集百船。岸回孤屿火，风度隔村烟"[1]。诗中所述正是金山寺塔，说明至少元时就有此寺。塔被誉为"浮塘金印"，素有"闽江第一塔"美誉。"四周九山如群龙，矫若云海来相从"，就是形容在金山寺上远眺江上的景色。明嘉靖年间的抗倭名将、福州人张经，年轻时曾在这里读书。他在门上署一副对联"山川寄迹原非我，天地为庐亦借人"。就在这里，张经撰写出《防倭管见》等书，提出保国安民的良策。

---

① 王翰（1333—1378），元末诗人。

状元翁正春、礼部尚书曹学佺，都曾经在寺内读书学习过。近代西方文学翻译家（国画家）林纾^①曾到金山寺作画写生，他的题画二十首之一为《洪塘金山塔院》，诗云"水寺烟深隐画檐，钟鱼不响雨帘纤。野僧飞锡^②疑无路，只向云中认塔尖"。

近年来，金山寺在管委会郑友坚主任的主持下持续焕发生机，寺院佛像及建筑得以修缮，相关文化活动得以展开。

2. 长江以南最古老的木质建筑

华林寺，位于福州市鼓楼区华林路屏山南麓（今在福建省政府隔壁）。关于华林寺的建造时间，《三山志》中有现存最早的文献记载："怀安越山吉祥禅院，乾元寺之东北，无诸旧城处也。晋太康三年，迁新城，其地遂虚，隋唐间以越王故禁樵采。钱氏十八年，其臣鲍修让为郡守，遂诛秽夷峨为佛庙，乾德二年也。"由此，华林寺创建于五代末吴越国主钱镠十八年，时北宋乾德二年（964），距今已有一千多年。明代正德年间赐名为华林。至于寺院最初的大小，已无从得知，只能从史料中的只言片语略知一二。如《三山志》中讲到寺院有环峰亭、胜会亭等众多园林建筑。华林寺周围曾植被繁茂，四季分明，风景宜人。当时的文人雅士如李纲、张浚、王应山等都经常来此游览。《闽都记》中记载："西廊有轮转藏经……东廊有文昌祠、普陀岩，正殿之后有法堂，法堂西祖师殿。"《福建通志》中记载："寺初颇广，今其前左右庙，祀瘟神，曰北涧殿，右明离殿，后普济堂，皆寺也。"可见当时的规模不小。据明清以来的资料记载，华林寺有过两次修葺：一次是"宣德中重建"（《大明一统志》），另一次是"康熙七年重修"（《福州府志》）。《华林寺

---

① 林纾（1852—1924），原名群玉，字琴南，号畏庐，别署冷红生，福建闽县人，文学家、翻译家。

② 僧人云游四方。

志》中记载："乾隆三十八年……重修……道光六年……重建。"仅存的大殿内还能够发现一些当时修葺的题记，时间分别是"皇清康熙三十年"重建、"大清道光四年"重修、"同治十三年"重修。林则徐曾为寺写联"似闻陶令开三径，来与弥陀共一龛"，撰写《重建越山华林寺碑记》一文，后刻于碑上。

华林寺大殿

华林寺历经更迭兴衰，许多建筑都被毁坏，如今只有大殿是仅存的宋代遗珍。大殿是单檐九脊顶抬梁式木构建筑，高十二米八，面积五百七十四平方米，面阔三间，进深四间，平面略呈方形。殿堂仅三开间，却用九开间殿堂的规格，其斗拱、枋栿等构件硕大无朋，成为全国唐宋木构建筑中独具一格的建筑。据《福建历史文化博览》记载："这种木柱构造保留着宋代建筑的特征，在整个建设过程中一颗铁钉都没有用到。"这种风格主要流行于南北朝时期，隋唐后已不多见，这也是华林寺的独特特征。在建筑装饰手法上，大殿多采用拱头卷杀、无瓣、皿斗、梭柱卷杀以及形式各样的驼峰造型等早期手法，这些也都是宋代木构中极为少见的，有的可上溯至隋唐、六朝时期，或者在相当于隋唐时期的日本早期建筑中才能找到，有的已不见于北方唐代建筑遗构中，可谓国内少有。若按建筑年代排列，华林寺列在山西五台县的南禅寺大殿、佛肖寺大殿，芮城县的广仁王庙，平顺县的天台庵和大云院，平遥县的镇国寺大殿之后，居全国第七位。此七座古老建筑中，只有华林寺大殿在长江以南，故称之为长江以南最古老并不是夸大。华林寺大殿虽经过古今多次重修，但大殿的主要构架还是初建时的原物，是研究我国南方木建筑体系的珍贵实物资料。作为中国南方最早的木构建筑的杰出作品，华林寺大殿的建造方法在唐宋木构建筑中尤为突出，据学者考证，特别是对日本镰仓时期（十二世纪末）"大佛样""天竺样"建筑有很大影响。① 由于福州的华林寺是中国南方木料建筑的活化石，因而华林寺对日本佛寺建筑的影响是最早的，同样非常重要。华林寺是我国南方木构建筑中的宝物，它对日本建筑的影响就足以证明其历史价值。华林寺不仅见证了中国建筑史的辉煌，也见证了中日文化、艺术互相渗透的方方面面，同时具有历史价值和文化价值。一九八二年，国务院公布的第二批全国重点文物保护单位将华林寺大殿列入其中。

---

① 林国平、邱季端主编：《福建历史文化博览》（下），福建教育出版社2017年版，第311页。

参考文献

现代著作

[1] 汤用彤:《汉魏两晋南北朝佛教史》,北京大学出版社 2011 年版。

[2] 任继愈:《中国佛教史》(全 3 册),中国社会科学出版社 1998 年版。

[3] 汤一介主编:《中华佛教史》(全 15 册),山西教育出版社 2014 年版。

[4] 赖永海主编:《中国佛教通史》(全 15 册),江苏人民出版社 2010 年版。

[5] 魏道儒主编:《世界佛教通史》(全 14 册),中国社会科学出版社 2016 年版。

[6] 刘泽亮:《黄檗禅哲学思想研究》,湖北人民出版社 1999 年版。

[7] 林国平:《林兆恩与三一教》,福建人民出版社 1992 年版。

[8] 林国平、彭文宇:《福建民间信仰》,福建人民出版社 1993 年版。

[9] 本书编委会:《面向新世纪初的福建佛教》,宗教文化出版社 2003 年版。

[10] 王家晖编著:《闽王王审知》,鹭江出版社 2005 年版。

[11] 福州市政协文史资料委员会编:《福州文史集粹》(下册),海潮摄影艺术出版社 2006 年版。

[12] 张志哲主编:《中华佛教人物大辞典》,黄山出版社 2006 年版。

［13］杜斗城辑编：《正史佛教资料类编》，甘肃文化出版社 2006 年版。

［14］张天禄主编：《福州人名志》，海潮摄影艺术出版社 2007 年版。

［15］林山主编：《福州涉台文物图录》，福建美术出版社 2010 年版。

［16］马海燕：《为霖道霈禅学研究》，宗教文化出版社 2012 年版。

［17］虚云大师：《虚云大师文汇》，华夏出版社 2012 年版。

［18］圆瑛大师：《圆瑛大师文汇》，华夏出版社 2012 年版。

［19］赵麟斌主编：《闽文化的历史思辨》，同济大学出版社 2012 年版。

［20］释赵雄主编：《长庆诗声——福州怡山西禅寺古今诗词楹联选》，
海峡文艺出版社 2013 年版。

［21］释印觉主编：《天然禅师与岭南文化——广州华严寺首届"华严论
坛"论文集》，巴蜀书社 2014 年版。

［22］印光法师：《印光法师文钞三编补》，巴蜀书社 2015 年版。

［23］卢美松：《福州通史简编》，福建人民出版社 2017 年版。

［24］［德］恩斯特·柏石曼：《西洋镜：一个德国建筑师眼中的中国
1906—1909》，台海出版社 2017 年版。

［25］罗世平、如常主编：《世界佛教美术图说大典（建筑）》，湖南美术
出版社 2017 年版。

［26］林国平、邱季端主编：《福建历史文化博览》（上下），福建教育出
版社 2017 年版。

［27］何绵山：《闽台五缘简论》，河南人民出版社 2018 年版。

［28］杨剑霄、圣凯编著：《"一带一路"高僧传》，宗教文化出版社 2018
年版。

［29］释本性：《丝路海潮音（海上丝路高僧故事）》，宗教文化出版社
2018 年版。

［30］福州闽都文化研究会编：《闽都文化与开放的福州》，海峡文艺出
版社 2019 年版。

[31]［日］常盘大定、关野贞著：《晚清民国时期中国名胜古迹图集》（第6卷），王铁钧、孙娜译，中国画报出版社2019年版。

[32]王荣国：《福建佛教史》，厦门大学出版社1997年版。

[33]何绵山：《福建宗教文化》，天津社会科学院出版社2004年版。

[34]段新龙：《佛都长安》，陕西旅游出版社2010年版。

[35]福建省地方志编纂委员会编：《福建省志·宗教志》，厦门大学出版社2014年版。

[36]福建省政协民族和宗教委员会、福建省民族与宗教事务厅、福建省佛教协会：《福建佛教祖庭名刹文化概览》，福建人民出版社2018年版。

[37]兰惠英：《古代福建佛教的海洋传播》，福建教育出版社2018年版。

[38]洪修平：《中国儒佛道三教关系研究》，中国社会科学出版社2011年版。

[39]于凌波编撰：《中国近现代佛教人物志》，宗教文化出版社1995年版。

[40]《福建风物志》编写组：《福建风物志》，海风出版社1985年版。

[41]梵辉：《福建名山大寺丛谈》，福建逸仙艺苑1985年版。

[42]福州市郊区民间文学集成编委会：《中国民间故事集成·福建卷》（福州市郊区分卷），中国ISBN中心1989年版。

[43]释证亮编：《西禅小记》（中国佛寺志丛刊第100册），广陵书社2006年版。

[44]徐有梧：《霞浦县志》，霞浦方志委1986年版。

[45]崔提：《宁德支提寺图志》，福建省地图出版社1988年版。

[46]福州市地方志编纂委员会整理：《鼓山艺文志》，海风出版社2001年版。

［47］陈丹丰编著：《福州名刹》，地质出版社 1994 年版。

［48］徐心希主编：《福州开元寺志略》，宗教文化出版社 2010 年版。

［49］福州市宗教志编纂委员会编著：《福州市宗教志》，福建人民出版
　　　社 2000 年版。

古籍文献

［1］（明）林弘衍编：《雪峰义存禅师语录》，《卍续藏》第 119 册。

［2］（清）为霖道霈：《为霖道霈禅师还山录》，《卍续藏》第 125 册。

［3］（宋）普济著：《五灯会元》，苏渊雷点校，中华书局 1984 年版。

［4］（宋）道原撰：《景德传灯录》，禅文化研究所 1990 年版。

［5］（宋）正受撰：《嘉泰普灯录》，明迪点校，海南出版社 2011 年版。

［6］（宋）惠洪撰：《禅林僧宝传》，吕有祥点校，中州古籍出版社 2014
　　　年版。

［7］（宋）志磐撰：《佛祖统纪》，释道法校，上海古籍出版社 2012 年版。

［8］（清）释法纬编：《西禅长庆寺志》（中国佛寺志丛刊第 100 册），广
　　　陵书社 2006 年版。

［9］（明）释隐元编，(清)释性幽续编：《黄檗山志》（中国佛寺志丛刊
　　　第 102 册），广陵书社 2006 年版。

［10］（明）徐㷿编：《雪峰山志》（中国佛寺志丛刊第 103 册），广陵书社
　　　2006 年版。

［11］（宋）梁克家等：《三山志》，文渊阁四库全书本，清乾隆刊本。

［12］（清）张琦等：《建宁府志》，南平地区方志委 1994 年版。

［13］（明）黄仲昭撰：《八闽通志》，福建人民出版社 2006 年版。

［14］（明）何乔远撰：《闽书》，福建人民出版社 1994 年版。

[15]（明）王应山撰：《闽都记》，方志出版社 2002 年版。

[16]（明）沈瑜庆、陈衍编：《福建通志》，方志出版社 2016 年版。

[17]（明）叶溥、张孟敬修纂：《正德福州府志》，海风出版社 2001 年版。

[18]（明）喻政修纂：《万历福州府志》，海风出版社 2001 年版。

[19]（清）徐景熹修纂：《福州府志》，海风出版社 2001 年版。

[20]（清）林枫：《榕城考古略》，福州市文物管理委员会 1980 年版。

[21]（清）何求撰：《闽都别记》，福建人民出版社 2008 年版。

后 记

　　本书是福建省社科普及出版资助项目的最终成果。本书的选题来源于对福州佛教文化的关注。虽然市面上已经有不少介绍佛寺类名胜古迹的书，但从文明交流互鉴和弘扬中华优秀传统文化角度来介绍的还是少见。福州佛教在福建佛教乃至中国佛教史上都占有一席之地，进一步了解和深挖福州佛教文化的内涵与价值，无论是对于增强福建文化软实力还是加强相关领域的研究都是很有必要的。本书撰写过程中，得到诸多人士的帮助，一并感谢，也要感谢我的研究生陈萍、黄碧婷、沈思佳帮忙校对脚注。

　　因时间有限，本人才疏学浅，不免有错讹和不足之处，敬请批评指正。福州佛教寺院的历史、渊源以及文化影响远远不是这一本小书能够道尽的，本书只能是抛砖引玉，为部分感兴趣的读者和文化人士提供参考。

林　啸

壬寅虎年于华南楼